Suri Nagamma

Mein Leben im Ramanashram:

Erinnerungen an Ramana Maharshi

Books on Demand GmbH

Suri Nagamma

Mein Leben im Ramanashram:

Erinnerungen an Ramana Maharshi

aus dem Englischen übersetzt

von Gabriele Ebert

Bibliografische Informationen der Deutschen Bibliothek
Die Deutsche Bibliothek verzeichnet diese Publikation in der Deutschen Nationalbibliografie; detaillierte bibliografische Daten sind im Internet über http://dnb.ddb.de abrufbar.

Suri Nagamma
Mein Leben im Ramanashram: Erinnerungen an Ramana Maharshi
BoD: Norderstedt
2. Auflage 2014
ISBN: 978-3-8370-6392-9

Titel der Originalausgabe:
My Life at Sri Ramanasramam
© Sri Ramanasramam, Tiruvannalalai, 2nd ed., 1993

Umschlaggestaltung: BoD, Foto: Gabriele Ebert
Fotos mit freundlicher Genehmigung des Sri Ramanashram
Herstellung und Verlag: Books on Demand GmbH, Norderstedt
Printed in Germany

Inhaltsverzeichnis

Vorwort

Suri Nagamma stammte aus einer telugischen Familie der Mittelschicht. Schon früh verlor sie ihre Eltern und wurde bereits als Kind Witwe. Dieser schwere Schicksalsschlag führte sie zunächst in eine tiefe Depression. Allmählich erwachte ihr religiöses Interesse, und sie ersehnte sich einen spirituellen Meister, den sie 1941 in Ramana Maharshi fand. Sie blieb dauerhaft in Ashramnähe wohnen.

Ermutigt durch ihren Bruder und andere Devotees begann sie, die täglichen Ereignisse im Ashram aufzuschreiben, die nach hartem Kampf mit der Ashramleitung als ›Letters from Sri Ramanasramam‹ veröffentlicht wurden, wovon es inzwischen auch eine deutsche Übersetzung gibt (Briefe aus dem Ramanashram). Diese schriftstellerische Tätigkeit brachte sie in noch engeren Kontakt mit Ramana Maharshi, zu dem sie ein außerordentlich vertrautes Verhältnis aufbauen konnte und dessen lebendige Führung sie auf vielerlei Weise erfahren durfte.

Nach Sri Ramanas Tod 1950 blieb sie im Ashram, bis gesundheitliche Gründe sie zwangen, in der Nähe ihrer Familie zu wohnen.

Das vorliegende Buch ist keine Eins-zu-eins-Übersetzung von Suri Nagammas Autobiografie ›My Life at Sri Ramanasramam‹, sondern enthält auch Ausschnitte aus dem zweiten Teil ihres letzten Buches ›Letters and Recollections from Sri Ramanasramam‹, die chronologisch eingefügt wurden. Einiges wurde gekürzt oder weggelassen, wenn es sich um zu spezifische Themen handelt, die für den deutschen Leser schwer nachvollziehbar sind.

Ich danke dem Ramanashram für die Genehmigung zur Übersetzung dieses Buches und dafür, das Bildmaterial von Ramana verwenden zu dürfen.

Gabriele Ebert

Meine frühen Jahre

Ich wurde im August 1902 in Kolanukonda, einem kleinen Dorf im Guntur Distrikt in Andhra Pradesh, geboren. Mein Vater starb, als ich vier Jahre alt war, und meine Mutter folgte ihm, als ich zehn war. Mein ältester Bruder, der von Geburt an kleinwüchsig war, konnte sich nicht um die Familie kümmern, und meine anderen beiden älteren Brüder waren in Madras auf dem College. Deshalb blieben meine ältere Schwester und ihr Mann bei mir und kümmerte sich um mich.

Ich war gerade mal 11 Jahre alt, als ich verheiratet wurde. Wie die Frauen in den *Puranas* glaubte ich, ich könne die Befreiung dadurch erlangen, indem ich meinem Mann treu diente. Aber nur ein Jahr später starb auch er plötzlich an den Pocken und ließ mich als Witwe zurück. Ich war noch zu jung, um die ganze Tragweite dieser Katastrophe zu erfassen. Mein Herz war gebrochen. Ich schloss mich in eines der Zimmer unseres großen Hauses ein und brütete über meinem Unglück. Ich hatte keinen Appetit und ging nur noch selten aus dem Haus. Ich wurde sehr blass und hatte Magenprobleme. Die ganze Zeit lag ich auf einer zerschlissenen Matte auf dem Fußboden, hatte meine Hand unter den Kopf gelegt und starrte wie eine Eidechse die Wand an. Wenn jemand mich besuchte, weinte ich bitterlich. Auf diese Weise vergingen einige Monate.

Mit den Jahren begann ich die Welt besser zu verstehen. Ich interessierte mich für religiöse Vorträge, fromme Gesängen und ähnliche Dinge. Meine Familie war über meine intensive Hingabe froh, und das half mir sehr in dieser schweren Zeit. Da ich Vater, Mutter und Ehemann so früh verloren hatte, spürte ich, dass mir keine andere Wahl blieb, als Gottes Hilfe durch Gebet und Meditation zu suchen. Noch bevor ich in den Ozean des *Samsara* eintreten konnte, war mir die Witwenschaft aufgezwungen worden, und ich spürte, dass ich aus meiner misslichen Lage das Beste machen sollte.

Da ich aus einem kleinen Dorf stammte, das nicht einmal eine Grundschule hatte, musste ich mich um meine Ausbildung selber kümmern. Die Erwachsenen halfen mir, lesen und schreiben zu lernen. Allmählich begann ich, religiöse Bücher in meiner Muttersprache Telugu zu lesen, v. a. das *Bhagavatam*. Im 3. Kapitel steht, dass Kapila Mahamuni seiner Mutter Devabhuti das Tatvam[1] gelehrt hat. Das faszinierte mich. Eines Tages las ich diesen Abschnitt mehrere Male hintereinander und betete intensiv, dass auch ich einen *Siddhapurusha* wie Kapila als Guru finden würde, der mich mit Offenheit und Freundlichkeit lehrte. Ich weinte lange, bis ich müde wurde und einschlief. Da hatte ich im Traum den *Darshan* eines Weisen, der in *Padmasana*-Stellung auf einem Podest saß, wie *Dakshinamurti* nach Süden blickte und von einem Heiligenschein umgeben war. Ein Schauer strömte durch meine Wirbelsäule. Ich wollte aufstehen, um mich vor ihm zu verbeugen. Dabei machte ich ungewollt die Augen auf, und die Erscheinung verschwand. Ich suchte das ganze Zimmer ab, konnte aber nichts mehr entdecken. Ich war völlig durcheinander.

Das war 1913. Die Vision hatte sich in mein Gedächtnis eingegraben. Ich betete zu Gott, er möge es mir ermöglichen, einem solchen Weisen zu dienen. Ich behielt das jedoch für mich und erzählte niemandem davon.

---

[1] Tatvam = wahre Natur; ta tvam asi = das (Brahman) bist du

Etwa 4 Jahre lang blieb ich bei meiner Schwester im Dorf. Ich diente anderen und betrachtete das als Gottesdienst. Ich half im Haushalt mit und nahm jede Gelegenheit wahr, religiöse Vorträge zu hören.

1918 eröffnete mein ältester Bruder Seshadri Sastri eine Anwaltspraxis in Vijayawada und schloss seine Praxis im Dorf. Ich zog mit ihm nach Vijayawada. Dort badete ich regelmäßig mit anderen Frauen im heiligen Fluss Krishna, besuchte den Tempel, fastete zu besonderen Anlässen und befolgte andere asketische Übungen. Einige ältere strenggläubige Leute kritisierten mich. Sie meinten, Witwen, die beim Tod ihres Mannes ihre Haare nicht hatten scheren lassen, dürften keine solchen Übungen machen. Dasselbe Argument begegnete mir, als ich um Einführung (*Upadesa*) in die Mantrapraxis bat. Deshalb wollte ich dieses Hindernis loswerden.

Nachdem ich meine Brüder wiederholt um Erlaubnis gebeten hatte, mir den Kopf rasieren zu lassen, nahmen sie mich zu diesem Zweck nach Tirupati mit. Als wir aber in Madras angekommen waren, erreichte uns die Nachricht, dass ein großes Unglück in unserer nahen Verwandtschaft geschehen war, und wir mussten nach Hause zurück. Wir spürten, dass Gottes Wille ein anderer war. Meine Brüder waren stets gegen diese barbarische Sitte gewesen, den Witwen die Haare abzuschneiden, und als dieses unerwartete Hindernis eintrat, gaben sie den Gedanken daran völlig auf. Zudem haben die Älteren gesagt, dass die Rasur zwar für jene nötig sei, die dem Weg des *Karma* folgen, aber nicht für jene, die dem Weg des *Jnana* folgen. Als ich darüber nachdachte, gab auch ich jeden weiteren Gedanken daran auf. Meine strenggläubigen Verwandten sparten jedoch nicht an öffentlicher und versteckter Kritik, doch ich kümmerte mich nicht mehr darum.

Eine ältere Frau namens Kaivarapu Balamba, die eine entfernte Verwandte von mir war, lebte damals im großen Pilgerzentrum von Mangalagiri. Sie unterhielt die dortige Pilgerherberge und verteilte freies Essen an die Pilger. Es ist keine Übertreibung zu sagen, dass es niemanden gab, der nach Mangalagiri pilgerte, ohne in ihrer Herberge verköstigt worden zu sein. Sie verehrte Narasimha, den Herrn dieser Pilgerstätte, als ihre Familiengottheit.

Zuweilen kamen mehr Leute als Essen da war. Wenn die Köche das Essen nicht verteilen wollten, weil sie befürchteten, es würde nicht für alle reichen, zerbrach sie eine Kokosnuss, ging dreimal mit brennendem Kampfer um das Essen herum und betete zu Gott: »Oh Vater Narasimha, was sollen wir bloß tun? Du musst Dich darum kümmern, dass das Essen für alle Pilger reicht.« Dann wurde das Essen ausgegeben, und es war nie zu wenig. Die Leute sprachen voller Bewunderung davon.

Einmal im Jahr besuchte Balamba meinen Bruder, um die jährliche Spende für ihre Küche abzuholen. Dann redete sie voller Mitgefühl mit mir und erzählte mir Geschichten aus dem Bhagavatam. Da auch sie Witwe war und nie ihr Haar abgeschnitten hatte, tröstete mich ihr Vorbild.

Auch das Leben der späteren Tharikonda Venkamamba diente mir als Vorbild. Es wird berichtet, dass sie ebenfalls als Kind Witwe geworden war. Sie war eine *Jnani* von höchstem Rang. Es gibt unzählige Geschichten über sie, die aber kaum bekannt sind. Ihre Werke in Telugu sind hervorragend. Die strenggläubigen Frauen kennen ihre Lieder über *Krishnas* Kindheit auswendig. So weit bekannt ist, hat auch sie ihre Haare behalten, als sie Witwe geworden war. Einige ihrer Angehörigen, die das nicht akzeptieren konnten, überredeten das Oberhaupt des Shankaracharya *Math* dazu, ihr zu befehlen, die Haare abrasieren zu lassen. Sie antwortete, dass sie dem Befehl nur dann nachkommen würde, wenn der Gelehrte persönlich ihre Fragen beantworten würde. Die Schwierigkeit bestand jedoch darin, dass er keine unrasierten Witwen sehen durfte. Wie also sollte man das Problem lösen? Schließlich wurde vereinbart, dass sie mit ihm sprechen konnte, während sie sich hinter einem Vorhang befand. Als das Treffen stattfand, fragte sie ihn: »Was ist es, das rasiert werden soll? Und was ist es, das nicht wieder nachwächst?« Der Gelehrte war über ihr großes Wissen überrascht, erkannte seinen Irrtum und sagte zu ihr: »Mutter, ich habe dir befohlen, dich an die übliche Praxis zu halten, aber für Menschen mit deiner Erkenntnis und von deiner Erhabenheit gelten diese Regeln nicht.«

Durch ihr Beispiel inspiriert blieb ich wie ich war. Doch zugleich wusste ich auch, dass ein geeigneter Guru nötig war, um die weltlichen Wünsche loszuwerden. Ich hielt ständig nach einem solchen Meister Ausschau.

Ich hatte das große Glück, der angesehenen Dichterin Srimathi Gudipudi Indumathi Devi zu begegnen. Von ihr lernte ich, wie man Gedichte schreibt und die Welt in der richtigen Perspektive betrachtet. Bald darauf schrieb ich ein Satakam, ein Gedicht aus 108 Strophen.

1923 starb mein ältester Bruder, der kleinwüchsig war und um den ich mich gekümmert hatte. Ich fühlte mich nun frei von der Verantwortung und Bindung an meine Familie. Ich wollte nicht mehr in meiner Familie bleiben. Der Wunsch, von einer großen Seele den Pfad zur Befreiung gezeigt zu bekommen, wurde immer stärker. Obwohl ich von mehreren bedeutenden geistlichen Männern gehört hatte, war keiner unter ihnen, der dem *Siddhapurusha* glich, den ich im Traum gesehen hatte, und ich konnte keinen von ihnen als meinen Guru annehmen. Wenn immer es mir möglich war, besuchte ich den Kanaka Durga-Tempel in Vijayawada und betete zu Durga, mir die Gunst eines *Sat-Gurus* zu gewähren. Ich widmete ihr mein Gedicht aus 108 Strophen. Viele Verse dieses Gedichtes thematisieren die Suche nach einem *Sat-Guru.*

Als ich mich an meinen ersten Gedichten versuchte, holte ich mir den Rat des bekannten Dichters Veluri Sivarama Sastri ein. Er freute sich über meine schriftstellerischen Versuche und sagte:»Das Schreiben von Gedichten wird dir in deinem Leben der Hingabe von großem Nutzen sein. Wenn du mit der Einstellung schreibst, dass von 10 Versen etwa einer brauchbar ist, wirst du nicht enttäuscht sein. Lass dir mit dem Veröffentlichen Zeit.« Ich nahm mir seinen Rat zu Herzen und zeigte niemandem etwas von dem, was ich in jener Zeit schrieb.

Ich las viele Bücher über *Vedanta*. Da ich mich aber nach der Gnade eines Gurus sehnte, konnte ich keinen Geistesfrieden finden. Schließlich widmete ich mich der spirituellen Übung, das Selbst als Balakrishna[2] zu betrachten und meinen Geist als eines der Hirtenmädchen. Ich verbrachte viel Zeit mit der Verehrung *Krishnas*. Als ich spürte, dass Geist, Gefühle und Gedanken miteinander im Einklang waren, begann ich ein Gedicht zu schreiben. Ich gab ihm den Titel ›Balakrishna Gitavali‹.

Die Tage widmete ich den Aufgaben im Haushalt und die Nächte dem Gedanken an Gott. Das Schreiben von Gedichten, meine spirituelle Praxis und auch die Vision, die ich einst vom *Siddhapurusha* hatte, hielt ich geheim. Selbst

---

[2] Balakrishna = Krishna

meinen Brüdern erzählte ich nichts davon. Sie versorgten mich liebevoll mit jedem Buch, das ich haben wollte. Ich las sie alle. Trotzdem konnte ich immer noch keinen Geistesfrieden finden.

Da ich glaubte, dass der Dienst am Menschen dasselbe wie der Dienst an Gott sei, kümmerte ich mich um viele Kranke. Aber auch das verhalf mir nicht zum Geistesfrieden. Ich wurde beständig von einem unerklärlichen Schmerz und einer geistigen Unzufriedenzeit geplagt. Mit der Zeit gewann diese Unzufriedenheit an Intensität, und ich spürte, dass ich meine Familie verlassen musste. Deshalb bat ich meine Brüder, mir zu erlauben, an irgendeinem heiligen Ort zu leben, doch sie entgegneten: »Wohin kannst du schon alleine gehen?«

Als mein ältester Bruder D.S. Sastri in Alleppey lebte, besuchte ich mit ihm zusammen heilige Orte. Ich wäre gerne an einem dieser Orte geblieben, um vor der Familie Ruhe zu haben. Ich schlug meinen Brüdern vor, dass ich in Vijayawada für mich leben könnte, wenn sie mir ein kleines Haus besorgen würden. Da meinten sie, ich sollte einen der Söhne meiner Schwester adoptieren. Ich erwiderte, dass das nur eine neue Familie bedeuten würde und dass an Adoption nicht zu denken sei, da ich kein eigenes Vermögen besaß. Also wurde diese Idee fallen gelassen wie auch der Gedanke, ich könnte für mich in einem eigenen Haus leben.

Fast zehn Jahre meines Lebens verbrachte ich in Unzufriedenheit. Meine Depression verstärkte sich und wirkte sich auch körperlich aus, bis ich zuletzt bettlägerig wurde. Verschiedene Medikamente wurden ausprobiert, halfen aber nicht. Nachdem unsere Familienärzte mich regelmäßig untersucht und die Entwicklung genau verfolgt hatten, kamen sie zu dem Ergebnis, dass meine Krankheit rein psychisch war und nicht auf medikamentöse Behandlung ansprach. Sie machten mir klar, dass ich selbst etwas für meine Gesundheit tun müsste und dass niemand mir helfen könnte. Ich verstand dies als Gottes Wort und entschloss mich, irgendwie der Familienatmosphäre zu entkommen. Das war im Januar oder Februar 1940.

Im Mai 1940 begann ich mit einer Kur. Ich nahm Wannenbäder, aß nur noch Gerichte mit Hirsemehl und Gemüse und vermied Salz, Chilli und Gewürze. Ich nahm dies als Entschuldigung, um wieder in mein Heimatdorf Kolanukonda zu ziehen, wozu ich die Erlaubnis meiner Brüder erhielt.

Das Haus meines Vaters in Kolanukonda war lange leer gestanden. Schlangen, Skorpione und andere giftige Reptilien hatten sich dort eingenistet und krochen frei umher. Wir mussten zusammenleben, kamen einander aber nicht in die Quere. Sie kamen nachts heraus und ließen mich tagsüber in Ruhe. Unser Zusammenleben war sehr amüsant und gab mir reichlich Gelegenheit, ein Leben voller Freundschaft gegenüber allen Lebewesen zu führen.

Mein Tagesablauf richtete sich nach der Natur. Ich badete in einem Kübel, was man ›Naturheilverfahren‹ nennt. Zudem badete ich in einem Kanal des Flusses Krishna. Meine Nahrung war *sattvisch,* und meinen Gottesdienst verrichtete ich in den Dorftempeln. Den Leuten, die sich am Nachmittag bei mir einfanden, las ich aus dem *Bhagavatam* vor und erklärte es ihnen.

Etwa zu dieser Zeit arbeitete mein Bruder D.S. Sastri in Ernakulam bei einer Zweigstelle der Zentralbank von Indien. 1941 wurde er nach Ahmedabad versetzt. Bevor er dort seinen Dienst antrat, nahm er sich einen Monat Auszeit und ging mit seiner Frau auf Pilgerreise. Sie besuchten verschiedene Orte im Süden. So kam er auch nach Tiruvannamalai und hatte das Glück, den *Darshan* von Bhagavan Sri Ramana Maharshi zu erhalten.

Glücklicherweise kam es ihm in den Sinn, dass auch mir ein Besuch beim Maharshi gut tun würde. Meine Cousine Subbamma lebte im Ashram. Vor einigen Monaten war ihr Mann gestorben, und sie wollte dort ihren Geistesfrieden wieder finden. Mein Bruder meinte, sie könnte mir behilflich sein. Da ich bereits alleine nach Bombay, Coimbatore, Ernakulam und an andere Orte gereist war, sprach ich etwas Hindi und Tamil und traute mir zu, alleine nach Tiruvannamalai zu reisen. Mein Bruder in Vijayawada kaufte mir eine Fahrkarte nach Tiruvannamalai und brachte mich an einem Abend im Juli 1941 auf den Bahnhof in Madras. Er instruierte mich, in Gudur umzusteigen und dort den Zug über Katpadi zu nehmen.

Meine Pilgerreise zum Ramanashram

Ich kam vor Sonnenaufgang in Gudur an, nahm dort ein Bad und stieg in den Zug nach Tiruvannamalai. Da es kein extra Abteil für Frauen gab, musste ich mich ins allgemeine Abteil setzen. Kalahasti und Tirupadi lagen auf dem Weg. Da ich diese Stätten noch nie besucht hatte, fragte ich mich, ob ich die Gelegenheit nutzen konnte. Ich hatte eine durchgängige Fahrkarte und dachte, dass eine Unterbrechung nicht erlaubt sei. Als ich mit einigen Leuten im Abteil darüber redete, sagte ein Herr, der ein Staatsbeamter zu sein schien: »Du kannst mit deiner Fahrkarte die Reise für 3 Tage unterbrechen. Es ist jetzt kurz vor 9 Uhr. Wenn du in Kalahasti aussteigst und zu Avulammas Hotel gehst, wird sie dir ein Zimmer geben. Du kannst dein Gepäck dort lassen, im Swarnamukhi-Fluss baden und den *Darshan* von Kalahasteswara im Tempel erhalten. Wenn du zurückkommst, wird deine Mahlzeit bereitstehen. Danach kannst du dich etwas ausruhen und um 2.30 Uhr nachmittags den Zug nach Tirupati nehmen. Dort wirst du gegen 20 Uhr eintreffen. Du hast dann 2 Tage für Tirupati zur Verfügung und wirst Tiruvannamalai noch rechtzeitig erreichen.«

Als der Zug in Kalahasti ankam, war ich immer noch unschlüssig. Der Herr stieg aus, nahm mein Gepäck zusammen mit dem seinen aus dem Zug und besorgte mir einen Ochsenkarren. Er wies den Fahrer an, mich zum Hotel von Avulamma zu bringen, und ging dann seiner Wege. Ich dachte, es müsse Gottes Wille sein, hatte den *Darshan* des Herrn Kalahasteswara und nahm um 14.30 Uhr den Zug nach Tirupati, wo ich am selben Abend ankam. Ich hatte dort eine alte Bekannte und konnte bei ihr wohnen. Sie begleitete mich auf den Berg, und wir besuchten noch andere heilige Orte. Am dritten Tag stieg ich in den Zug zum Arunachala. Der Vorschrift, dass dem *Darshan* des Gurus eine Pilgerreise vorangehen sollte, war damit zufälligerweise Genüge getan.

Mein Zug sollte um 16 Uhr Kapadi erreichen, hatte aber eine Stunde Verspätung, und ich verpasste den Anschluss. Der nächste Zug fuhr um 18.30 Uhr, sodass ich Tiruvannamalai erst um 20.30 Uhr erreichen würde.

Ich hatte gehört, dass es Frauen nicht gestattet war, nach Einbruch der Dunkelheit in den Ashram zu kommen. Meine Mitreisenden bestätigten mir das. Ich wusste nicht, was ich tun sollte und wohin ich mich wenden konnte. Die Adresse von Subbamma hatte ich nicht, und sonst kannte ich niemanden in Tiruvannamalai. Zwei Frauen in meinem Abteil bemerkten meine Unruhe und sagten: »Wir gehen zu Verwandten in Tiruvannamalai. Du kannst die Nacht bei uns verbringen und am nächsten Morgen zum Ashram gehen.« Ich dankte ihnen für ihr freundliches Angebot und sagte, dass ich darauf zurückkommen würde, falls ich im Pilgerheim nicht unterkommen könnte.

Um 20.30 Uhr erreichte der Zug Tiruvannamalai. Die Frauen gaben meinem Fahrer die Adresse ihrer Verwandten und gingen. Ich wurde zur Pilgerherberge gebracht. Dort hieß es, dass zurzeit keine Frauen hier wohnten und es deshalb ungehörig wäre, wenn ich alleine dort nächtigen würde. Ich möge mir doch eine andere Unterkunft suchen. Der Fahrer brachte mich also zu der Adresse, die die Frauen ihm gegeben hatten.

Als ich dort ankam, luden mich die beiden Frauen herzlich ein. Man brachte mein Gepäck herein. Ich wusch mir am Brunnen die Füße, trank Wasser und wartete auf der Veranda, da die Frauen ins Gespräch mit ihren Verwandten vertieft waren. Es war unangenehm, auf der Veranda von Fremden alleine gelassen zu werden. Um 22 Uhr kam der Hausherr heim, und als er mich dort stehen sah, fragte er barsch in Tamil: »Wer ist das?« Ich ärgerte mich über seine Manier und erwiderte: »Bitte geh hinein und frage nach.« Er ging hinein, kam aber nicht wieder heraus, um mir weitere Fragen zu stellen.

Ich fühlte mich unwohl und fragte mich, was das wohl für Leute seien. Ich fragte einige Passanten, ob ich zu dieser Zeit noch in den Ashram gehen könnte. Der eine meinte »ja«, der andere »nein«. Eine Nachbarin bekam das mit. Sie kam heraus und sagte, dass ich unmöglich zu dieser Stunde in den Ashram gehen könnte. Da sie mich in Telugu ansprach und so verständnisvoll war, fasste ich wieder etwas Mut. Wir unterhielten uns eine Weile und schlossen Freundschaft. Ihr Mann war anscheinend im Ashram angestellt. Sie versicherte mir, dass die Leute, bei denen ich mein Gepäck gelassen hatte, respektabel seien. Trotzdem schlief ich auf ihrer Veranda.

Ich wachte früh auf, badete in ihrem Haus, und als mein Gepäck im Karren verstaut worden war, kam ihr Mann herein. Er sagte, dass es im Ashram eine telugische Frau namens Varanasi Subbalakshmamma gäbe, die sich um mich kümmern würde.

Mein erstes Darshan von Sri Ramana Maharshi

Der Karren fuhr durchs Ashramtor und hielt. Als ich ausstieg, kam Sambasiva Rao, der ein großer Devotee des Maharshi war, auf mich zu und fragte woher ich käme. Ich erzählte ihm, ich käme aus Vijayawada, nannte ihm die Namen meiner Brüder und sagte, ich würde gerne für zwei oder drei Wochen dableiben. Er sprach mit dem Ashramverwalter (Sri Ramanas jüngerer Bruder Chinnaswami), und ich wurde herzlich willkommen geheißen. Sambasiva Rao bat Subbalakshmamma, sich um mich und mein Gepäck zu kümmern. Sie plauderte freundlich mit mir, brachte mir Kaffee und sagte, dass Bhagavan nach dem Frühstück auf den Berg gegangen sei. Dann brachte sie mich zu meiner Cousine Subbamma, die sehr überrascht war, mich zu sehen. Als ich ihr meine Geschichte erzählt hatte, kam Bhagavan zurück und setzte sich auf sein Sofa in der Halle. Subbalakshmamma nahm mich in die Halle mit.

Ich hatte weder Früchte noch Blumen mitgebracht und hatte nichts im Gepäck, was ich Bhagavan anbieten konnte. Auch mein Geist war leer. In meinem ›Satakam‹ hatte ich einst folgenden Vers geschrieben: »Eine verwirklichte Seele wünscht sich nichts von denen, die zu ihm kommen. Gib ihm die Blume deines Geistes und erwirb dir seinen Segen, indem du dich ihm hingibst und ihm dienst.«

Eingang zum Ramanashram

Erst wenn man einen selbstverwirklichten Meister gefunden hat, können die Unreinheiten des Geistes weggewaschen werden, und die Blume des Geistes kann erblühen. Dem Guru kann nur eine solch reine Blume angeboten werden. Da dies mein Vorhaben und meine Einstellung war, war ich nicht besonders besorgt, dass ich Bhagavan nichts mitgebracht hatte.

Ich war sehr nervös und meine Hände waren leer, als ich die Halle betrat. Ich verneigte mich lediglich vor Bhagavan und setzte mich mit gesenktem Kopf auf den Platz, der für die Frauen reserviert war. In der Halle herrschte völlige Stille und vollkommener Friede. Nach 10 Minuten blickte ich auf und bemerkte, dass Bhagavan mich intensiv ansah. Sein mitleidsvoller Blick beruhigte meinen unruhigen

Geist, aber ich konnte seinem intensiven Blick nicht stand-halten und senkte unwillkürlich meinen Kopf.

An diesem Nachmittag schrieb ich mein Empfinden in einem Vers nieder. Er lautet:»Ich sah ihn an, und er sah mich an. Sein Strahlen war jedoch so intensiv, dass ich meinen Kopf scheu senkte.«

In den nächsten 3 Tagen verbrachte ich meine ganze Zeit im Ashram. Zum Schlafen ging ich mit den anderen Frauen in die Stadt. Auf dem Weg lernte ich den Arunachala-Tempel kennen. Später mietete ich mir ein Zimmer in der Stadt. Dort kochte ich mir selber, denn im Ashram konnte ich meine Diät nicht bekommen. Bevor ich dort einzog, wurde mir nahegelegt, dass es gut wäre, wenn ich ein *Bhiksha* (Armenspeisung) im Ashram ausrichten würde. In jenen Tagen kostete das nur 5 Rupien. Mir wurde auch empfohlen, Bhagavan zu diesem Anlass ein Koupina (Len-dentuch) und ein Handtuch zu schenken. Ich kaufte beides und gab es ihm. Nach der *Bhiksha* zog ich um. Von da an verbrachte ich die Vormittage und Abende im Ashram und kehrte zum Essen in mein Zimmer zurück.

Auf diese Weise vergingen 10 Tage. Obwohl Bhagavan noch nichts zu mir gesagt hatte, war ich von ihm tief beein-druckt. Ich fand, er sei dem *Mahapurusha* ähnlich, der mir einst im Traum erschienen ist. Ich entdeckte in ihm alle Eigenschaften eines *Jivanmukta*, wie sie im *Vasishtam* und in anderen Büchern des *Vedanta* beschrieben werden. Er schien von allem unberührt, wie das Wasser auf einem Lotusblatt, das in der Sonne glitzert.

Nachdem ich Bhagavan tagelang beobachtet hatte, kam ich zu der Überzeugung, dass er die Person war, die meine Unwissenheit vertreiben konnte und dass ich mich seiner

Sorge anvertrauen sollte. Doch ich konnte nicht den Mut aufbringen, ihm das in Worten zu sagen.

Hingabe (Saranagati)

Ich hatte schon früher gehört, dass Bhagavan Telugu sprach. Doch er konnte auch Telugu lesen und schreiben, wie ich jetzt bemerkte. Ich beobachtete, dass manche Devotees etwas auf ein Stück Papier schrieben und es ihm gaben, obwohl sie keine gebildeten Leute waren. Davon bestärkt dichtete ich 8 Verse über die Hingabe (Saranagati) und gab sie einem seiner Gehilfen, als Bhagavan gerade nicht da war, da ich mich nicht getraute, sie ihm selbst zu geben.

Nachdem Bhagavan in die Halle zurückgehrt war, gab ihm Madhavaswami meinen Zettel. Der Meister las die Verse und sagte: »Sie heißt Nagamma. Es sind Verse über Saranagati. Klebe sie ins Buch.«[3] Madhavaswami klebte sie in das große gebundene Buch und meinte: »Ramaswami Iyer hat auch ein Gedicht über Saranagati geschrieben.« »Ja«, erwiderte Bhagavan. »Er hat es in Liedform geschrieben, während sie es in Versform verfasst hat.« Ich war sehr glücklich. Ich hatte geglaubt, dass berühmte Gelehrte hier seien und ich mit meinem kläglichen Wissen einen armseligen Eindruck machen würde, doch jetzt hatte ich Zuversicht gewonnen.

Vier Tage später schrieb ich ein Gedicht mit der Überschrift: ›Der Ashram und der Maharshi‹ und ließ es Bhagavan auf demselben Weg zukommen. Diesmal sagte er nichts.

---

[3] das Buch, in das alle Gedichte von Devotees hineingeklebt wurden

Am nächsten Tag fragte ich Madhavaswami in Tamil, was mit dem Gedicht geschehen sei, als er außerhalb der Halle seiner Arbeit nachging. Ich dachte, Bhagavan habe mich nicht gehört. Madhavaswami antwortete, die Verse seien ins Buch geklebt worden. Damit zufrieden ging ich in die Halle und verneigte mich vor Bhagavan. Als ich mich wieder erhob, fragte er lächelnd:»Wo hast du Tamil gelernt?« Ich war verblüfft. Als ich mich wieder gefasst hatte, antwortete ich:»Mein zweitältester Bruder arbeitet in der Zentralbank von Indien. Ich habe bei ihm in Coimbatore, Alleppey, Ernakulam und in anderen Städten im Süden gelebt und die Sprache gelernt.«

Das war mein erstes Gespräch mit Bhagavan. Ich hatte geglaubt, es sei für eine Person wie mich unmöglich, im Ashram aufgenommen zu werden. Aber jetzt hatte er selbst mit mir gesprochen, und das machte mich außerordentlich glücklich. Überwältigt von seiner Freundlichkeit setzte ich mich an meinen Platz. Meine Familienbande hatte ich bereits gelöst. Jetzt, in meinem neuen Leben, banden mich der erbarmungsvolle Blick und die freundlichen Worte der Ermutigung in Liebe an meinen *Sat-Guru*. Ich fühlte mich wie von einer enormen Last befreit.

Inzwischen waren drei Wochen vergangen. Ich beobachtete die Ungezwungenheit, mit der die Devotees ihre Fragen stellten und beantwortet bekamen, wie sie ein friedvolles und zufriedenes Leben bei Bhagavan führten. Ich spürte, dass er der Guru war, der mich führen und der mir helfen konnte. Intuitiv spürte ich, dass ich meinen Hafen gefunden hatte, und beschloss, im Ashram zu bleiben. In der Bhagavadgita IX,22 heißt es:»Jenen Devotees, die nur noch Mich kennen, die beständig an Mich denken und Mich unablässig verehren, die in Gedanken mit Mir vereint sind, gebe Ich völlige Sicherheit. Ich kümmere mich persönlich um ihre Bedürfnisse.« Wenn wir Ihm beharrlich dienen, gibt er uns die völlige Sicherheit, indem er sich um unsere sämtlichen Bedürfnisse kümmert. Ich spürte, dass ich als Erstes ausnahmslos dem Guru dienen sollte, indem ich bei ihm im Ashram blieb.

Meine Schwägerin erwartete zu jener Zeit ein Kind. Ich hatte ihr versprochen, dass ich bei ihrer Niederkunft da sein würde. Auch waren das Hirse-Mehl und die anderen Lebensmittel, die ich mitgebracht hatte, aufgebraucht. Also beschloss ich heimzufahren und die nötigen Vorbereitungen zu treffen, um mich dauerhaft im Ashram einzurichten. Allerdings wollte ich nicht ohne Bhagavans Zustimmung weggehen. Deshalb schrieb ich ihm eine kleine Nachricht, dass ich heimgehen würde, wie ich es meiner Familie versprochen hatte, aber dass ich nur ungern von ihm fortginge und er mich bitte segnen möge, damit ich bald zu ihm zurückkehren könne. Bhagavan nickte zum Zeichen seiner Zustimmung, faltete die Notiz zusammen und legte sie aufs Regal.

Alles ist von Ramanas Gnade erfüllt

Ich musste in Tiruvannamalai den Zug um 9.30 Uhr erreichen, der über Katpadi direkt nach Gudur fuhr. Am nächsten Morgen räumte ich mein Zimmer in der Stadt und ging zum Ashram, um mich zu verabschieden.

Bhagavan war von seinem Spaziergang zurückgekehrt und saß in der Halle. Ich ließ mein Gepäck im Wagen und ging zu ihm. Nachdem ich ihn gegrüßt hatte, wartete ich auf seine Erlaubnis, gehen zu dürfen. Er schaute mich fest an. Oh, wie kühlend war dieser Blick! Mein Körper wurde von Kopf bis Fuß kühl und still. Wie dumm war es, jetzt fortzugehen, nachdem ich mich über 12 Jahre lang nach einem Guru gesehnt hatte und mit der Erlaubnis meiner Brüder hergekommen war. Ich hatte doch soeben meinen *Sat-Guru* gefunden!

Dieser Gedanke hinderte mich daran, mich von der Stelle zu bewegen. Der Fuhrmann rief von draußen, die Zeit sei um. Ich war nicht fähig, etwas zu Bhagavan zu sagen, und nickte nur. Bhagavan erkannte meine Zwangslage und nickte ebenfalls. Mit Tränen in den Augen ging ich. Meine Cousine Subbamma und Varanasi Subbalakshmamma trösteten mich damit, dass ich ja bald wieder zurück sein würde. Ich stieg in den Wagen.

Als der Wagen das Ashramtor passierte, wischte ich mir die Tränen ab und schaute mich um. Doch wohin ich auch sah, ich sah nur das strahlende Angesicht Bhagavans. Ich schloss die Augen, aber Bhagavans Bild blieb. Bald erreichte der Wagen den Arunachaleswara-Tempel. Ich blickte zum Torturm empor. Bhagavan war auch dort. Wir fuhren zum Bahnhof weiter. Der Fuhrmann kaufte mir die Fahrkarte und setzte mich in den Zug. Das Abteil für die Frauen war ziemlich leer. Nachdem ich mein Gepäck verstaut hatte, setzte ich mich ans Fenster und behielt den Arunachala fest im Blick. Der Zug fuhr an. Langsam verschwanden die Tortürme des Tempels, die Spitze des Berges und alles andere aus meinem Blickfeld. Nur Bhagavans Bild blieb unerschütterlich in meinem Geist verankert. Ich sah ihn, wohin ich auch blickte. Ich wandte meine Augen vom Fenster ab und sah mich im Abteil um. Auch hier fand ich nur Bhagavan. Ramana schien überallhin mit mir zu reisen. Wie fest hatte sich mir sein Bild eingeprägt! Das ist die Gnade des Gurus. Ich fühlte mich wie das Lamm im Maul des Tigers. Ich kümmerte mich nicht um Hunger und Durst. Ich sagte mir: »Alles ist von Ramana erfüllt. Die Welt ist von Ramana erfüllt.«

Die Frau, die neben mir saß, fragte, woher ich käme. Ich antwortete, ich käme vom Ramanashram. »Ja«, erwiderte sie, »ich kann es an deinem Benehmen erkennen. Wenn du Katpadi erreicht hast, trink dort wenigstens einen Kaffee.« Ich trank in Katpadi einen Kaffee, stieg in Gudur um und erreichte Vijayawada.

Als ich mich Zuhause meinen Haushaltspflichten widmete, war mein Geist immer bei Bhagavan. Meine Familie bemerkte meine Veränderung. Sie fragten, warum ich so launisch und abwesend sei. Ich behauptete, ich hätte mich überhaupt nicht verändert. Sie tuschelten untereinander, dass ich mich wie eine Verrückte benähme. Ich hatte eine Tante, die tatsächlich verrückt war, und deshalb glaubten sie, auch ich würde verrückt werden. Wie konnten sie verstehen, dass die Verrücktheit, die mich ergriffen hatte, von anderer Art war?

Inzwischen hatte meine Schwägerin einen Jungen geboren. Es war ihr 8. Kind. Als sie mich fragten, welchen Namen sie ihm geben sollten, sagte ich, er müsse unbedingt ›Ramana‹ heißen. Sie gaben ihm den Namen ›Ramana Sarma‹.

Damit war meine Aufgabe beendet. Ich sagte meiner Familie, dass ich zum Ashram zurückkehren würde, aber ich würde kommen, wenn sie mich bräuchten. Im November 1941 packte ich alles zusammen, was ich für einen dauerhaften Aufenthalt im Ashram benötigte, und kam dort zu *Deepam* an.

Mein Leben im Ramanashram

Zunächst mietete ich mir dasselbe Zimmer wie zuvor. Da es aber auf Dauer zu klein war und der Lärm und die Betriebsamkeit des angrenzenden Hotels unerträglich waren, zog ich in das Haus, in dem auch Echammal wohnte. Echammal war eine langjährige Anhängerin Bhagavans. Das Besondere an ihr war, dass sie über 38 Jahre Bhagavan täglich mit Essen versorgt hat. Sie fing damit an, als er alleine in der Virupaksha-Höhle lebte und keiner ihm etwas zu essen brachte.

Tagsüber war ich im Ashram, und abends hörte ich Echammal zu, die Geschichten aus Bhagavans Leben erzählte. Wenn sie krank war, kochte ich und brachte das Essen an ihrer Stelle zu Bhagavan. Doch das reguläre Essen kam aus der Ashramküche, wo Santamma und andere arbeiteten. Wenn Chinnaswami sah, dass ich Essen brachte, sagte er: »Warum machst du dir diese Mühe?« Es war jedoch ein Dienst für Bhagavan, ein Privileg, das sich von selbst eingestellt hatte, und deshalb machte ich damit weiter. Bhagavan beobachtete das Ganze und sagte nichts.

Als der Trubel des *Kartikai*-Festes vorüber war, ging ich, Echammals Anweisungen folgend, zu Bhagavan in die Halle, verneigte mich wie üblich vor ihm, und blieb vor ihm stehen. Madhavaswami sagte zu Bhagavan, ich wolle ihn etwas fragen. Er sah mich fragend an. Was sollte ich ihm sagen? Mir ging zwar vieles im Kopf herum, aber ich brachte nichts heraus. Schließlich sagte ich mit bebender Stimme: »Bitte hilf mir, die Befreiung (*Mukti*) zu erlangen.« Er sah mich voller Mitgefühl an und nickte nur. Ich konnte nichts mehr sagen, verneigte mich vor ihm und ging.

Echammal wollte wissen, was ich Bhagavan gefragt und was er geantwortet hatte. Ich erzählte ihr alles. Sie meinte, dass es ein äußerst günstiges Zeichen gewesen sei. Anscheinend fragte Bhagavan normalerweise zurück: »Wie sieht deine spirituelle Praxis aus?« und gab dann einen entsprechenden Rat. Mir hatte er jedoch nur zugenickt, und das war, nach Echammals Ansicht, etwas Besonderes. Aber ich hatte ja noch keinen früheren Guru gehabt und keine Unterweisung (*Upadesa*) erhalten. Wie also hätte er danach fragen und was hätte ich ihm antworten können?

Nachdem ich die Gnade Bhagavans erlangt hatte, wurde mein Geist klar. Ich wandte mich nach innen und begann Selbstergründung (*Atma Vichara*) zu üben. Ich verstehe heute, dass die spirituelle Praxis, die ich bis dahin geübt hatte, lediglich den Weg für diese Selbstergründung bereitet hat. Ich begann sorgfältig alle Bücher zu lesen, die Bhagavans Lehre enthielten, und überdachte sie immer wieder. Die meiste Zeit widmete ich mich nur noch dieser spirituellen Übung. Immer, wenn ich einen Zweifel hatte, suchte ich Bhagavans Führung, indem ich meine Fragen auf Zettelchen schrieb und sie ihm gab. Manchmal fragte ich ihn auch direkt. Er ermahnte mich wiederholt: »Warum nimmst du diese Zweifel überhaupt zur Kenntnis?«

Amrtanandi[4]

1942 führte ein tamilischer Gelehrter mit Bhagavan ein Gespräch über *Amrtanadi*. Bhagavan schien an dem Thema sehr interessiert zu sein und erklärte ihm ausführlich die Funktionsweise von Amrtanadi. Ich bedauerte, dass ich darüber nichts wusste. Als der Gelehrte fort war, führte Bhagavan das Gespräch mit Mahdavaswami weiter.

Ich war neugierig geworden, und als Bhagavan vom Kuhstall zurückkam, fragte ich ihn danach. Doch bevor ich noch meine Frage beenden konnte, sagte er unvermittelt: »Warum kümmert dich das?« Ich erwiderte: »Du hast in den letzten vier Tagen darüber gesprochen, und deshalb habe ich gedacht, dass ich etwas darüber wissen und dich danach fragen sollte.« Bhagavan erwiderte: »Was für eine Idee! Er hat mich gefragt, was in den *Sastras* darüber geschrieben steht, und ich habe ihm darauf geantwortet. Aber warum kümmerst du dich darum? Es genügt, wenn du in dein eigenes Selbst blickst und herausfindest, wer du bist.« Als er das in ernstem Ton gesagt hatte, ging er weiter. Ich war sehr betroffen.

Zwei oder drei Tage später, als nicht viele Leute in der Halle waren, kam das Thema erneut auf, und Bhagavan sagte: »Es ist lediglich eine Vorstellung.« Ich fragte: »Dann ist also alles, was sich auf Amrtanadi bezieht, nur eine Vorstellung?« »Ja. Was anderes sollte es sonst sein? Wenn der Körper nur eine Vorstellung ist, ist dies dann nicht ebenso eine Vorstellung?«, erwiderte er und sah mich mitleidsvoll an. In diesem Augenblick verschwanden alle Fragen, die ich diesbezüglich noch hatte.

---

[4] der Name eines bestimmten Nervs bzw. Kanals im Yoga, durch den das Bewusstsein vom Herzen zum Gehirn fließt

Bhagavans Gnade begann auf diese Weise ständig auf mich einzuströmen. Es war, als würde Wasser durch dürres Land fließen und es zum Erblühen bringen. Ich begann mit dem *Sadhana*, den Ursprung aller Gedanken zu hinterfragen, doch mein Geist wurde unwillentlich von Irrtümern und Illusionen abgelenkt. Wenn das geschah, sah mich Bhagavan eindringlich an, als wollte er diese Gedanken verscheuchen. Ich fühlte mich dann beschämt. Manchmal schrieb ich meine tastenden Versuche und Fehler in meinem *Sadhana* auf und gab ihm die Notizen. Ohne dass er sich von meinem häufigen Bitten um Führung belästigt oder ermüdet fühlte, klärte er geduldig meine Zweifel oder kritisierte meine Defizite. Er lehrte und ermahnte mich auf verschiedene Weise, um mich auf den rechten Pfad zu führen. Dadurch gab er mir Geistesfrieden und Zufriedenheit.

Sobald ich zu seinen Füßen Zuflucht gefunden hatte, verschwand auch jeder Wunsch heimzugehen und den Mitgliedern meiner Familie beizustehen. Ich wollte auch sonst nirgendwohin. Vielmehr hatte ich das Empfinden, ich sollte den Rest meines Lebens im Ashram verbringen.

Der Dienst der Affen

Für jeden Devotee ist es natürlich, den Guru in einem Loblied zu preisen, wenn er seine Gnade empfangen hat. Die Neigung, Gedichte zu schreiben, die lange in mir geschlummert hatte, kam ans Tageslicht. Im November desselben Jahres schrieb ich fünf Gedichte und legte sie Bhagavan zu Füßen. 1943 verfasste ich einige Lieder, die sein Leben beschreiben und Chandramma, eine telugische Devotee, sang sie ihm mit ihrer lieblichen Stimme vor.

Als er am Nachmittag seinen Spaziergang auf den Berg machte, sagte er zu seinem Gehilfen Rangaswami: »Die

Leute schreiben, dass ich dieser oder jener *Avatar* sei. Weißt du, was Nagamma geschrieben hat? ›Er ist das allgegenwärtige, allmächtige Selbst. Er wurde dazu geboren, uns den Weg zur Verwirklichung des Selbst zu zeigen.‹ Sie ist von Vijayawada gekommen und lebt hier ganz alleine, und sie hat so etwas geschrieben. Was können wir dazu sagen? Das Wesen der Leute drückt sich ihren Neigungen entsprechend aus. Dies entspricht ihrer Neigung.“

Einige Tage später schrieb ich vier weitere Strophen und legte sie Bhagavan vor. Als er sie las, lachte er in sich hinein. Da fragte Rajagopala Iyer ihn, was ich geschrieben hätte. »Es ist ein Gebet aus vier Strophen. Die zweite Strophe ist amüsant. Es heißt dort, dass ich keine Affen mehr habe, die mir dienen, seit ich mich hier unten niedergelassen habe. ‚Warum also willst du nicht meinen Geist als einen Affen annehmen, der dir dient? Dieser Affe jagt materiellen Dingen nach. Binde ihn an oder züchtige ihn, aber gib Acht, dass er dir zu Diensten ist!‘ Das ist der Gedanke. *Shankara* hat einen ähnlichen Vers geschrieben: ›Oh *Shankara*, du bist ein Bettler. Warum bindest du meinen Geist, der ein Affe ist, nicht an deinem Bettelstab fest und gehst mit ihm betteln? Du wirst mit ihm jede Menge Almosen erhalten.‹«

Das Schenken von Wissen

1943 wurde mein Bruder von Ahmedabad nach Madras versetzt. Während der zwei Jahre, die ich inzwischen im Ashram verbracht hatte, hatte ich mein Heimatdorf zwei- oder dreimal besucht, aber bislang war noch niemand aus meiner Familie in den Ashram gekommen. Kurz nachdem mein Bruder nach Madras gezogen war, kam er her.

Bhagavan fragte mich, ob er mein ältester oder zweitältester Bruder sei. Ich sagte ihm, er sei mein zweitältester Bruder. 15 Tage später kehrte mein Bruder zum Ashram zurück und brachte diesmal auch seine Familie mit. Sie blieben einige Tage. Beim Abschied baten sie mich, sie nach Madras zu begleiten. Ich hatte aber auch einen Brief von meinem ältesten Bruder in Vijayawada erhalten, der mich ebenfalls einlud.

Als Bhagavan vom Kuhstall zurückgekehrt war, ging ich zu ihm und erzählte ihm, dass mich meine Verwandten eingeladen hätten und dass ich befürchtete, wieder in den Strudel ihrer Familienangelegenheiten hineinzugeraten. Bhagavan erwiderte:»Wenn jeder in uns hineinfällt, wie können wir dann in die anderen hineinfallen?« und ging weiter. Ich erinnerte mich an seine Lehre:»Die Welt ist in uns. Wir sind nicht in der Welt.« Damals verstand ich aber noch nicht genau, was er damit sagen wollte.

In Madras erhielten wir einen Brief von meinem ältesten Bruder in Vijayawada. Er teilte uns mit, dass er und seine Frau nach Madras kommen würden. Wenn Nagamma da sei, solle sie auf sie warten und sie zum Ashram begleiten. Ich war sehr überrascht. Erst jetzt verstand ich, dass Bhagavan gemeint hatte:»Wenn alle hierher kommen, warum gehst du dann dorthin?«

Ich wartete auf sie und kam mit ihnen bereits vier Tage später zum Ashram zurück. Bhagavan sagte zu den Leuten in seiner Nähe:»Oh, Nagamma ist schon so früh zurück!« Ich war sehr glücklich und stellte ihm meinen ältesten Bruder und meine Schwägerin vor.

Ich verbrachte die ganze Zeit mit meinen Verwandten. Mein Bruder sah sich mein kleines Zimmer in der Stadt an und meinte, dass es zu klein sei. Er mietete für mich ein Zimmer in Kunju Swamis Haus, brachte meine Habseligkeiten dorthin und sagte zu Bhagavan, dass ich im Ashram bleiben könne. Da ich jetzt in der Nähe des Ashrams wohnte, musste ich nicht mehr den weiten Weg gehen und konnte dort mehr Zeit verbringen.

Bevor ich mich dem Ashram angeschlossen hatte, hatte ich Artikel für telugische Zeitschriften geschrieben und bekam immer noch die Freiexemplare. Ich veranlasste, dass sie mir an meine Ashram-Adresse geschickt wurden. Als Bhagavan die Zeitschriften sah, fragte er: »Schreibst du Artikel für Zeitschriften?« Ich antwortete: »Ich habe das gelegentlich getan, aber jetzt damit aufgehört. Dennoch erhalte ich weiterhin die Zeitschriften. Ich dachte, alle könnten sie lesen, wenn sie an den Ashram gesandt würden. Deshalb habe ich es veranlasst.« »Ach, tatsächlich!«, erwiderte Bhagavan mit einem Lachen.

Einige Tage später kam Chinta Dikshitulu zu Bhagavans *Darshan*. Ich war ihm nie zuvor begegnet. Nach dem abendlichen *Veda-Parayana* stellte Bhagavan mich ihm vor. Bhagavan sagte zu Dikshitulu: »Nagamma ist von Vijayawada hierhergekommen und dageblieben. Sie schenkt der Öffentlichkeit philosophisches Wissen, indem sie Artikel für Zeitschriften schreibt.« Diskhitulu erzählte es mir und meinte: »Sieh nur, wie schön Bhagavan es formuliert hat: Du schenkst Wissen.«

Dienst in Bhagavans Halle

In den ersten Monaten, die ich in meiner neuen Unterkunft verbrachte, beschloss Rani Prabhavati, ihre Sanskrit-Verse, die sie Bhagavan zu Ehren geschrieben hatte, zu veröffentlichen. Sie ließ ihre Gedichte von Jagadeeswara Sastri korrigieren. Es stellte sich heraus, dass auch viele Telugu-Verse darunter waren. Bhagavan wandte sich an mich und sagte wiederholt, dass es gut wäre, wenn jemand diese Verse abschreiben würde. Jagadeeswara Sastri meinte, dass diese Arbeit mir anvertraut werden könnte. Da ich die Unterhaltung nicht richtig hören konnte, fragte ich Jagadeeswara Sastri. Er erzählte mir, dass Bhagavan wollte, dass jemand alle Telugu-Verse abschriebe. Ich sagte ihm, dass ich die Arbeit übernehmen könnte, aber unsicher sei, ob das nicht anmaßend wäre. Jagadeeswara Sastri meinte:»Bhagavan hat es vorgeschlagen und dabei an dich gedacht. Frage ihn morgen und sieh, ob er dich mit der Aufgabe betraut oder nicht.«

Als Bhagavan am nächsten Morgen von seinem Spaziergang auf den Berg zurückgekehrt war und sich auf seinen Platz in der Halle gesetzt hatte, ging ich zu ihm und blieb in der Nähe seines Sofas stehen. Er sah mich fragend an. Ich sagte:»Es wäre schön, wenn jemand die Telugu-Verse abschreiben würde.«»Ja«, antwortete er.»Aber wer wird es tun und wann?« Ich bot ihm an, es zu übernehmen. Er erwiderte:»Also gut. Nur zu! Du wirst dafür ein Notizbuch benötigen, nicht wahr?« Ich bejahte. Er sagte zu Rajagopala Iyer:»Nagamma sagt, sie wird die Verse in Telugu abschreiben. Gib ihr die Verse und auch ein großes gebundenes Notizbuch.« Als der Gehilfe weißes Papier und ein großes gebundenes Notizbuch brachte, überreichte Bhagavan es mir persönlich.

Von diesem Tag an hörte er damit auf, die telugischen Gedichte, die er immer wieder erhielt, selbst zu lesen, und ich durfte sie ihm vorlesen. Ich schrieb sie dann auch ab.

Später war es meine Aufgabe, die Bücher für die Bibliothek auszugeben und zurückzunehmen. Außerdem kümmerte ich mich bei festlichen Anlässen für einen geordneten Ablauf bei den vielen weiblichen Devotees, die zu seinem *Darshan* kamen. Durch diese Arbeiten wurde ich mit der Atmosphäre in Bhagavans Halle vertraut und in der Telugu-Literatur bewandert.

Meine schriftstellerische Tätigkeit

Nach etwa sechs Monaten zog ich in ein Haus in Raju Chettys Anwesen, wo ich die ideale Atmosphäre für meine schriftstellerische Tätigkeit vorfand. Wenn ich im Ashram keine Arbeit hatte, war ich mit Lesen und Schreiben von Gedichten beschäftigt.

Zwischen 1943 und 1945 verfasste ich mehrere Gedichte. Ich schrieb alle Gedichte in ein gebundenes Notizbuch und zeigte es Srinivasa Mouni, einem telugischen Ashrambewohner. Sie gefielen ihm, und er schrieb auf den Umschlag des Notizbuches ›Ramana Karuna Vilasam‹. An einem Neujahrfest legte ich das Notizbuch Bhagavan zu Füßen. An einem späteren Fest, als auch mein Bruder und seine Frau da waren, widmete ich dem Meister ein anderes Gedicht von 108 Versen, das ich ›Balakrishna Gitavali‹ genannt hatte. Bei einer weiteren Gelegenheit widmete ich ihm mein ›Ramana Satakam‹. Später schrieb ich einige Lieder und kurze Geschichten, eine dichterische Beschreibungen des Festes zum Goldenen Jubiläum[5] und etwas über die Kuh Lakshmi. Das alles blieb unveröffentlicht.

Nachdem mein Bruder nach Madras umgezogen war, kam er regelmäßig in seinem Urlaub. Manchmal brachte er auch einige Freunde mit. Ich erzählte ihm von den Gesprächen mit Bhagavan, und er meinte, dass es gut wäre, wenn all diese Ereignisse in einem Buch gesammelt werden würden. Vor meiner Zeit im Ashram hatte Munagala Venkataramiah mit einem englisches Tagebuch begonnen und alle Geschehnisse aufgeschrieben, hatte aber später aus verschiedenen Gründen damit aufhören müssen. Seine Mitschriften lagen unberührt bei den Unterlagen des Ashrams.[6] Ich erwiderte, dass es eine schwierige Aufgabe sei, die am besten von jemand anderem, vorzugsweise von einem männlichen Devotee übernommen werden sollte. Schließlich wurde Devaraja Mudaliar dazu überredet, ein Tagebuch in Englisch zu führen, und erhielt dafür die Erlaubnis der Verantwortlichen im Ashram. Es wurde später vom Ramanashram als ›Day by Day with Bhagavan‹ veröffentlicht.[7]

Briefe aus dem Ramanashram

Mein Bruder meinte, es spiele keine Rolle wie viele Leute die täglichen Ereignisse bei Bhagavan festhielten. Ich war nicht darin geübt, ein Tagebuch zu führen, und mein Versuch scheiterte. Ich sagte zu meinem Bruder, es habe kei-

---

[5] die 50Jahr-Feier zu Ramanas Ankunft in Tiruvannamalai im September 1946
[6] Später wurden sie unter dem Titel ›Talks‹ (Gespräche mit Ramana Maharshi) veröffentlicht.
[7] Das Tagebuch Devaraja Mudaliars überschneidet sich teils mit dem Zeitraum der Briefe von Suri Nagamma.

40

nen Zweck. Er meinte: »Du brauchst kein Tagebuch zu führen. Du schreibst mir sowieso Briefe über die verschiedenen Ereignisse bei Bhagavan. Schreibe mir weiterhin solche Briefe, aber behalte sie bei dir. Wir werden später darüber entscheiden, was wir mit ihnen tun werden. Wenn nötig können wir sie überarbeiten.«

Suri Nagamma

Auch andere Devotees baten mich wiederholt darum zu schreiben. »Du bist die einzige aus Andhra Pradesh, die hier wohnt. Nimm die Stimme Bhagavans in dich auf und gib sie an uns weiter.«
Ich willigte ein und begann im November 1945 mit dem Schreiben, nachdem ich im Stillen zu Bhagavan um ein gutes Gelingen gebetet hatte. Ich hatte nicht den Mut, es ihm offen zu sagen.

Da ich daran zweifelte, ob die Briefe überhaupt nützlich und gefragt sein würden, wollte ich die Sache geheim halten, aber dann geschah etwas Unerwartetes – wie es in dem Sprichwort heißt:»Der Mensch denkt und Gott lenkt.« Im Skandashram fand ein Picknick statt, an dem auch Bhagavan teilnahm. Ich hatte darüber einen ausführlichen Bericht in drei Briefen verfasst[8]. Als ich eines Abends auf der Veranda vor meinem Haus saß und sie überarbeitete, kam Devaraja Mudaliar vorbei und fragte mich, was das für Schriftstücke seien. Ich sagte es ihm. Da bat er mich, sie ihm vorzulesen. Die Geschichte gefiel ihm, und er verriet es Bhagavan.

Als ich am nächsten Tag zu Bhagavan kam, sagte der Meister:»Ich habe gehört, dass du einen vollständigen Bericht über unseren Ausflug zum Skandashram geschrieben hast.« Ich fragte ihn, wer ihm davon erzählt habe.»Mudaliar hat es mir gesagt. Wo ist der Bericht?« Da ich die Angelegenheit nicht länger vor ihm geheim halten konnte, machte ich eine Abschrift und brachte sie noch am selben Abend in den Ashram. Bhagavan wollte, dass ich die Briefe sofort vorlas. Im ersten Brief hatte ich über Bhagavan folgendes geschrieben:»Was hat er schon? Ein Spazierstock, ein Wasserkrug und ein Lendentuch – das ist sein ganzer Besitz.« Bhagavan meinte scherzend:»Ach, und was ist mit dem Handtuch?« Alle lachten. Daraufhin fügte ich auch noch das Handtuch zu seinen Besitztümern hinzu.

Als mein Bruder D.S. Sastri wenige Tage später zu Bhagavans *Darshan* kam, versprach er, die Briefe für die Devotees ins Englische zu übersetzen. Inzwischen hatte ich ins-

---

[8] s. Briefe vom 25.-27.11.1945 in Nagamma: Briefe aus dem Ramanashram

gesamt 10 Briefe verfasst. Er nahm alle Durchschläge mit, fand aber keine Zeit für die Übersetzung.

Neelamraju Seshayya hatte mit der Herausgabe der telugischen Zeitschrift ›Navadaya‹ begonnen und bat meinen Bruder, einen Artikel beizusteuern. Mein Bruder erwiderte, er habe keine Zeit, aber er könne meine Briefe weitergeben, wenn sie für die Zeitschrift geeignet seien. Seshayya nahm sie gerne an und veröffentlichte sie als ›Briefe aus dem Ramanashram‹.

Als das erste Heft der Zeitschrift im Ashram eintraf, sah Bhagavan den veröffentlichten Brief und bemerkte zu jemandem, der in seiner Nähe saß: »Sieh her! Es ist wie bei Ramakrishna. Vielleicht wird jetzt alles was wir sagen veröffentlicht. Nagamma hat mit dem Schreiben begonnen, und sie haben damit begonnen, ihre Briefe zu veröffentlichen.« Dann zeigte er allen Anwesenden die Zeitschrift.

Die Briefe von Veluri Sivarama Sastri

Im ersten Heft von ›Navadaya‹ waren vier Briefe veröffentlicht worden. Veluri Sivarama Sastri schrieb mir sofort. Ich war aufgeregt, als ich seinen Brief sah. Er hatte mir früher geraten, nichts vorschnell zu veröffentlichen. Da die Briefe ohne ordentliche Prüfung veröffentlicht worden waren, befürchtete ich, er würde mich deswegen tadeln. Doch als ich seinen Brief las, war ich angenehm überrascht.

Er schrieb: »Dhanyasi (Du bist glücklich zu preisen!) Voller Freude habe ich deine ›Briefe aus dem Ramanashram‹ gelesen. Obwohl wir von diesem *Mahapurusha* weit weg wohnen, haben uns deine Briefe an den Ereignissen teilhaben lassen. Bitte mach diejenigen, die weit weg wohnen, weiterhin so glücklich. Obwohl ich Augen habe, bin ich doch blind. Obwohl ich Beine habe, bin ich lahm. Ich bitte dich, Menschen wie mich nicht nur zum Ashram mitzunehmen, sondern auch ins innerste Herz des Maharshi.«

Mit zitternden Händen gab ich Bhagavan den Brief. Er las ihn durch und übersetzte ihn für Rajagopala Iyer Zeile für Zeile ins Tamil. Iyer fragte nach der Bedeutung von ›Dhanyasi‹.»Es bedeutet: ›Du bist glücklich zu preisen‹«, erwiderte Bhagavan. Ich machte von dem Brief eine Abschrift und sandte ihn meinem Bruder in Madras. Bald darauf antwortete ich Sivarama Sastri, worauf er mir wiederum schrieb.

Sein zweiter Brief lautete folgendermaßen:»Ich kenne nur die vier Briefe, die im ›Navodaya‹ erschienen sind. Ich würde auch die anderen gerne sehen. Du schreibst, dass du über mein unerwartetes Lob überrascht gewesen bist. Ich muss deinen Bruder loben, der dich ermutigt hat, diese Briefe zu schreiben. Sie sind von unschätzbarem Wert. Sie sind ständige Erinnerungshilfen für jene, die immer wieder vergessen. Die Verantwortung, diese Briefe zu veröffentlichen, liegt in der Hand deines Bruders. Du hast mir geschrieben, dass mein Brief Bhagavan ins Herz getroffen hat. Mein Joch wurde mir dadurch leichter, ja sogar viel leichter. Dass du in seiner Nähe wohnst, ist für uns ein großer Glücksfall. Bitte übermittle ihm meine tiefe Verehrung.«

Ich gab Bhagavan auch diesen zweiten Brief. Er las ihn langsam durch und meinte dann:»Er sagt, es wäre gut, wenn die Briefe in Buchform erscheinen würden. Wie auch immer, schick auch diesen Brief deinem Bruder.« Dann gab er den Brief Balarama Reddy, einem Herrn aus Andra Pradesh, der sehr an Bhagavan hängt und den Ashram häufig besucht. Balarama Reddy meinte: »Wenn Sivarama Sastri diese Briefe so sehr schätzt, muss man davon ausgehen, dass sie sehr wertvoll sind.« Rajagopala Iyer fragte ihn, wer Sivarama Sastri sei. Balarama Reddy erwiderte, er sei ein angesehener Dichter in Andhra Pradesh und ein großer Gelehrter und käme sofort nach Ganapati Muni.

Als mein Bruder die Abschrift des zweiten Briefes von Sivarama Sastri erhalten hatte, fasste er es als göttlichen Willen auf und schrieb dem Ashram, dass er alle Kosten für die Veröffentlichung der Briefe übernehmen werde. Als der Ashram seine Zustimmung gegeben hatte, traf er die nötigen Vorbereitungen, damit sie zu Bhagavans Geburtstag 1947 erscheinen konnten. Unglücklicherweise konnte die Druckerei den Termin nicht einhalten, und in der Zwischenzeit geschahen weitere interessante Ereignisse in Bhagavans Gegenwart.

Interessante Ereignisse

Während der Feierlichkeiten zum Goldenen Jubiläum im September 1946 brachte der Inhaber des Wellington-Kinos in Madras drei Kinofilme mit. Man traf Vorbereitungen, sie an drei aufeinander folgenden Tagen nach dem Abendessen im Speisesaal zu zeigen. Alle im Ashram waren aufgeregt. Ich wurde auch eingeladen, mir die Filme anzusehen, da ich aber nicht ins Kino gehe, lehnte ich ab. Einige Devotees meinten: »Wenn sogar Bhagavan sich die Filme ansieht, welche Bedenken kannst du dann haben?« »Für Bhagavan ist es etwas anderes«, erwiderte ich mit Nachdruck. »Er ist ein großer Weiser, der alles von *Brahman* erfüllt sieht. Sein Blick ist wie der mächtige Ganges. Was immer in diesen Strom fällt, wird fortgeschwemmt. Er ist ein *Siddhapurusha,* und deshalb ist er keinen Regeln unterworfen. Für einen *Sadhaka,* wie ich es einer bin, ist das nicht der Fall. Deshalb kann ich mir diese Filme nicht ansehen.«

Obwohl einige andere ebenfalls wegblieben, sahen sich alle Übrigen die Filme an. Währenddessen beendete ich meinen Bericht über das Goldene Jubiläum. Als der ganze Umtrieb vorbei war, las ich die Briefe in der Halle vor. Rajagopala Iyer kam noch am selben Abend zu mir, um mir zu erzählen, dass Bhagavan gesagte habe, es wäre gut, wenn ich auch von den Filmvorführungen berichten würde.

Ich war immer noch nicht davon überzeugt, dass es sich gehörte, im Ashram des Maharshi Filme zu zeigen, und wusste nicht, was ich tun sollte. Da fragte ich Bhagavan. Er antwortete:»Wenn das so ist, dann gibt den Gedanken daran auf.«»Aber Bhagavan will doch, dass die Vorführungen in diesen Briefen erwähnt werden«, platzte ich heraus.»Wie seltsam«, erwiderte er.»Die Leute haben gemeint, dass es nett wäre, wenn es hinzugefügt werden könnte. Da habe ich ihnen geantwortet: ›Dann geht zu Nagamma und sagt es ihr.‹ Ich habe aber nie gesagt, dass die Vorführungen in den Briefen erwähnt werden müssen.« Ich war sehr erleichtert. Es war also keine direkte Anweisung von Bhagavan.

Die Briefe wurden ohne Erwähnung der Filmvorführungen zur Veröffentlichung an die Zeitschrift gesandt. Von dem Gespräch zwischen mir und Bhagavan erfuhr niemand.

Der Besitzer des Wellington-Kinos und einige Ashrambewohner beschlossen, dass noch weitere 15 Filme gezeigt werden sollten. Einer von Bhagavans Helfern behauptete, dass Bhagavan sein Einverständnis gegeben habe, was mich völlig verwirrte. Ich sprach mit einigen anderen darüber, die ebenfalls beunruhigt waren, und schlug vor, zu Bhagavan zu gehen und mit ihm zu reden. Sie meinten, man müsse dazu eine passende Gelegenheit abwarten.

Am zweiten Tag der Filmvorführung warfen die Rowdys der Stadt Steine an die Tür des Speisesaals, da sie sich die Filme nicht anschauen durften. Wir baten den *Sarvadhikari*, die Vorführung sofort abzubrechen. Doch jene, die an den Filmen interessiert waren, argumentierten damit, dass die Ashramverwaltung die Filme genehmigt hätte und deshalb alle Filme gezeigt werden sollten.

Es gab einen Streit vor der Halle. Als Rojagopala Iyer Bhagavan von dem Streit erzählte, schaltete sich Muruganar ein und meinte: »Machen wir uns nicht zum Gespött, wenn im Ashram eines *Rishis* Kinofilme gezeigt werden? Bhagavan macht es nichts aus, was immer er auch sehen mag, aber für die *Sadhakas* ist es nicht dasselbe. Es muss damit ein Ende haben.« Bhagavan stimmte ihm zu: »Ja, so ist es. Ich habe ihnen von Anfang an gesagt, sie sollten sich nicht um diese Kinofilme kümmern, aber sie sagten: ›Wir müssen sie Bhagavan zeigen.‹ Also habe ich mir die ersten Filme angesehen. Dann wollten sie 15 weitere Filme bringen. Ich habe ihnen gesagt, dass sie sich nicht darum kümmern sollten, aber sie meinten, dass alle die Filme sehen wollten und der *Sarvadhikari* damit einverstanden sei. Ich sagte zu ihnen, dass sie in diesem Fall machen könnten was sie wollten. Sie haben meine Warnung nicht beachtet. Jetzt seht bloß, was für ein Ärgernis daraus entstanden ist.«

Diese Antwort Bhagavans klärte die Angelegenheit. Ich war sehr froh. Der *Sarvadhikari* ordnete an, dass die Filmvorführung sofort abgebrochen werden musste, und am nächsten Morgen war es wieder still und friedvoll im Ashram.

Etwa um dieselbe Zeit war eine junge Frau aus Andhra Pradesh für einige Zeit im Ashram. Sie hatte eine gute Stimme und konnte wundervoll singen. Da die Leute gerne Lieder über Bhagavan vortragen, wollte sie das auch tun und sang Lieder von Gelehrten aus Andhra Pradesh vor. Den Namen ›Rama‹ ersetzte sie immer durch ›Ramana‹. Da diese Lieder eine tiefe Bedeutung haben und sie eine hervorragende Sängerin war, genossen alle ihren Vortrag. Bhagavan bemerkte, dass sie ›Rama‹ durch ›Ramana‹ ersetzt hatte. Ich bemerkte es ebenfalls, aber da sie so voller Hingabe sang, sagte ich nichts. Sie behauptete, sie selbst hätte diese Lieder geschrieben.

Einige Devotees baten sie, die Lieder aufzuschreiben, damit man sie ins Englische übersetzten konnte. Sie zeigte sie Bhagavan und fragte ihn, ob sie ins Englische übersetzt werden dürften. Bhagavan sagte nichts, sondern gab sie an Munagala Venkataramiah weiter, der einwilligte, diese Aufgabe zu übernehmen

Doch Venkataramiahs Telugu-Kenntnis war begrenzt. Er hatte Schwierigkeiten mit der Übersetzung, besonders da die Lieder viele Wörter enthielten, die mehrere Bedeutungen haben. Er fragte mich nach der Bedeutung einiger schwieriger Wörter. Da fragte ich ihn, ob er sicher sei, dass diese Lieder über Bhagavan seien. Er antwortete: »Nur deshalb kümmere ich mich darum.« Da erklärte ich ihm, dass diese Lieder von Gelehrten aus alten Zeiten stammten und Rama gewidmet seien. Er erzählte es sofort Bhagavan. Bhagavan lächelte und sagte: »Ach, tatsächlich. Die Sprache der Lieder und die großen Gedanken, die dahinter stecken, haben mich vermuten lassen, dass sie von einem

Gelehrten aus alten Zeiten stammen. Sie hat nur ›Rama‹ durch ›Ramana‹ ersetzt. Aber was spielt das schon für eine Rolle? Beide Wörter haben dieselbe Bedeutung. Auch der Reim passt. Wirst du trotzdem mit der Übersetzung weitermachen?«

Bhagavan sah die Devotees an und fuhr fort:»Perumal Swami hat einmal etwas ähnliches getan. Als ich den Berg herunterkam, um hier unten zu wohnen, brachte er immer aus der Stadt etwas zu Essen mit. Eines Tages schrieb er einen Vers auf ein Stück Papier und brachte ihn mir. Als ich ihn fragte, ob er ihn selbst geschrieben habe, bejahte er. Ich fand ihn sehr gut. Zu jener Zeit kümmerte sich Muruganar um alle Gedichte, und deshalb bat ich ihn, den Vers in ein Notizbuch zu schreiben.

Vier Tage später brachte Perumal Swami einen weiteren Vers. Als jeder seine Dichtung lobte, freute er sich sehr und brachte jeden vierten Tag einen neuen Vers mit. Wenn er damit in Verzug war, fragte ich ihn: ›Hast du wieder etwas geschrieben?‹ Er brachte dann einige Tage später den nächsten Vers. Wir haben auf diese Weise neun Verse erhalten. Der zehnte Vers kam mir bekannt vor, und ich bat Muruganar, mir das Buch ›Tiruvanul Paven‹ zu bringen. Darin entdeckte ich alle Verse, nur dass das Wort ›Rama‹ durch ›Ramana‹ ersetzt und an manchen Stellen etwas verändert worden war. Ich zeigte es Muruganar. Er schrieb die Verse nicht mehr ab und erzählte es den Leuten in der Halle. Alle lachten. Der arme Kerl! Purumal Swami saß ganz beschämt in einer Ecke.

Die Leute meinen immer, sie sollten etwas schreiben oder vorsingen. Die Dichter unter ihnen schreiben selbst etwas, die anderen schreiben etwas ab und ersetzen ›Rama‹ durch ›Ramana‹. Was ist daran verkehrt? Rama und Ramana sind ein und dasselbe.«

Im Januar 1947 veröffentlichte eine Zeitschrift eine Rezension über das ›Tiruchuli Puranam‹. Sie enthielt ein Gedicht mit Kommentar. Ich wollte das Gedicht verstehen und bat Bhagavan, es ins Telugu zu übersetzen. Daraufhin schrieb er das ›Ekatma Panchakam‹ (Fünf Verse über das Selbst).[9] Zunächst sagte er widerwillig:»Ihr Leute werdet Fehler finden, die korrigiert werden müssen. Wozu soll ich etwas schreiben?«[10] Ich versicherte ihm, dass es keine Korrekturen geben würde, da das, was ein Weiser schreibt, unter keinen Umständen geändert werden sollte.

Als ich die Verse einigen telugischen Freunden zeigte, meinten sie, es seien wegen des Versmaßes einige Änderungen nötig, aber ich war nicht damit einverstanden. Ich sandte sie an Veluri Sivarama Sastri und berichtete ihm von den Einwänden meiner Freunde. Er antwortete:»Die Worte eines Weisen sind den *Veden* vergleichbar. Sie sollten nicht verändert oder korrigiert werden.«

Ich zeigte den Brief meinen Freunden, aber sie waren immer noch nicht zufrieden, sondern gingen zu Bhagavan und sagten:»Hier ist eine Änderung nötig, und dieses Wort sollte man besser gegen ein anderes austauschen« usf. Bhagavan sagte lediglich:»Macht es wie ihr wollt.«

Am Abend sagte der Meister zu mir:»Du hast mich gebeten, etwas in Telugu zu schreiben, und jetzt sagen deine Leute, es müsste korrigiert werden. Genau aus diesem Grund wollte ich nichts schreiben.« Ich war sehr aufgebracht. Da es keinen Zweck hatte, mit meinen Freunden zu streiten, ging ich zu Bhagavan, als nur wenige Leute bei

---

[9] s. a. Nagamma: Briefe aus dem Ramanashram, Brief vom 20. Februar 1947
[10] Ramana schrieb das ›Ekatma Panchakam‹ in Telugu, worin er nicht so bewandert und sicher war wie in Tamil.

ihm waren, und fragte ihn, was ich jetzt machen sollte. Als ob er mich prüfen wollte, fragte er: »Was kümmert es dich, ob Korrekturen gemacht werden?«»Ich bin damit nicht einverstanden«, erwiderte ich. »Ich habe keinen, der mich darin unterstützt, und deshalb muss Bhagavan selbst dafür sorgen, dass nichts verändert wird.« Bhagavan schwieg.

Die korrigierten Verse wurden an die Druckerei geschickt. Am Tag, als der Korrekturabzug kam, waren zufällig mehrere angesehene telugische Autoren im Ashram. Ich war an diesem Tag aus irgendeinem Grund zuhause geblieben. Bhagavan gab den Korrekturabzug an sie weiter und sagte: »Die telugischen Leute hier waren der Ansicht, dass Korrekturen nötig waren, und haben die Verse korrigiert an die Druckerei geschickt. Nagamma sagt, sie sollten nicht verändert werden. Jetzt ist der Korrekturabzug da. Macht es wie ihr wollt. Entscheidet ihr.« Sie beschlossen einmütig, dass nichts geändert werden sollte. Sie sahen sich den Originaltext an, änderten den Korrekturabzug entsprechend ab und gaben ihn an die Druckerei zurück. So wurde schließlich durch Bhagavans Segen das Gedicht unverändert gedruckt, wie ich es mir gewünscht hatte.

[Ekatma Panchakam - Fünf Verse über das Selbst

1. Wenn man das Selbst vergisst, glaubt man,
dass man der Körper ist,
und geht durch unzählige Geburten.
Schließlich erinnert man sich und wird zum Selbst.
Wisse, das ist nur wie das Erwachen aus einem Traum,
in dem man um die ganze Welt gewandert ist.

2. Man ist immer das Selbst.
Wenn man sich fragt:
‚Wer bin ich und wo bin ich?',
ist das wie wenn ein Betrunkener fragt:
„Wer und wo bin ich?"

3. Der Körper ist im Selbst.
Und doch denken wir,
dass wir in diesem trägen Körper sind,
wie ein Zuschauer, der annimmt, dass die Leinwand,
auf die das Bild geworfen wird, im Bild ist.

4. Kann ein goldenes Schmuckstück
ohne das Gold existieren?
Kann der Körper unabhängig vom Selbst existieren?
Der Unwissende glaubt: „Ich bin der Körper",
während der Erleuchtete weiß: „Ich bin das Selbst".

5. Das Selbst allein ist die einzige Wirklichkeit
und existiert für immer.
Wenn der erste Lehrer in alten Zeiten [*Dakshinamurti*]
es durch ununterbrochenes Schweigen enthüllt hat,
sag, wer könnte es dann in Worten enthüllen?][11]

Hindernisse

Wie ich schon erwähnt habe, war Teil I der ›Briefe aus dem Sri Ramanashram‹ zu Bhagavans Geburtstagsfeier nicht rechtzeitig fertig geworden. Im Juli 1947 ging ich nach Madras, da ich dort einiges zu erledigen hatte. Als ich nach vier Tagen zurückkam, sagte mir mein Bruder, dass

---

[11] Einschub der Übers., aus Collected Works, S. 130f

ich 12 Exemplare des Buches mit zum Ashram nehmen könnte. Den Rest würde die Druckerei direkt zum Ashram schicken.

Am Morgen des 4. Juni legte ich die 12 Exemplare Bhagavan zu Füßen. Wenn ein Buch frisch aus der Druckerei kam, las er es normalerweise sofort. Ich dachte, mit meinem Buch würde es ebenso sein, aber er sprach mich nicht darauf an. Ich sagte zu ihm, dass ich es unbedingt in seiner Anwesenheit vorlesen wollte, aber er meinte nur: »Zuerst sollen alle anderen Exemplare eintreffen, dann werden wir sehen.« Ich fragte Chinnaswami, aber er vertröstete mich jedes Mal unter irgendeinem Vorwand. So vergingen zwei Wochen. Inzwischen waren 1000 Exemplare aus der Druckerei gekommen. Das Buch erhielt hervorragende Rezensionen in den Zeitschriften, und es trafen von überall her Bestellungen ein.

Es kam mir nicht in den Sinn, dass sich unter einigen der Ashrambewohner Neid und Eifersucht breit machten. Ich wollte das Buch unbedingt in Bhagavans Anwesenheit vorlesen. Da Chinnaswami trotz allem ein gutes Herz hat, konnte ich ihn doch noch dazu überreden, dass er seine Einwilligung gab. Am 20. Juli begann ich mit dem Vorlesen. Ich las in drei Tagen etwa die Hälfte des Buches vor. Bhagavan hörte interessiert zu und erzählte uns noch mehr Einzelheiten über die Vorfälle in den Briefen. Die meisten Leute in der Halle genossen es. Aber andere waren neidisch und setzten Chinnaswami unter Druck, dass ich mit dem Lesen aufhören sollte.

Am dritten Tag wurde ich ins Büro zitiert. Chinnaswami sagte: »Hör sofort damit auf.« Als die Leute am nächsten Nachmittag darauf warteten, dass ich weiterlesen würde, tat ich es nicht. Bhagavan fragte: »Warum liest du nicht weiter?« »Chinnaswami hat mir gesagt, ich solle damit aufhören«, erwiderte ich. »Ach«, meinte er und sah Rajagopala Iyer an, der in seiner Nähe war. »Das ist seltsam. Wir sollten niemanden mehr bitten vorzulesen.« Rajagopala Iyer ging ins Büro und wiederholte, was Bhagavan gesagt hatte. Da erklärte Chinnaswami, dass er nicht das Vorlesen verboten habe, sondern das weitere Verfassen von Briefen.

Am folgenden Tag fuhr ich mit dem Vorlesen fort und war in drei Tagen damit fertig. Dann wurde ich erneut ins Büro zitiert, und Chinnaswami verbot mir in aller Strenge, keine weiteren Briefe mehr zu schreiben und ihm alles zu übergeben, was ich bis jetzt geschrieben hatte. Er wollte auch, dass ich ihm die Bibliotheksschlüssel aushändigte. Ich erwiderte, dass mein Bruder mich gebeten hatte, die Briefe zu schreiben und dass ich sie ihm übergeben würde, wenn er das nächste Mal den Ashram besuchte. Chinnaswami hörte mir nicht zu und bestand darauf, dass ich ihm die Briefe sofort aushändigen sollte. Ich war verwirrt und untröstlich. Ich erzählte Bhagavan, dass ich auch meine Bibliotheksschlüssel abgeben musste und gab sie ihm. Er nahm sie entgegen und meinte: »Mach dir nichts daraus. Lass diese Arbeit gehen.«

Ich gab die Arbeit in der Bibliothek ohne großes Bedauern auf, aber ich war sehr traurig, dass ich alle Briefe, die ich bei mir hatte, hergeben sollte. Ich hatte bereits davon gehört, dass die Verantwortlichen im Ashram vor einigen Jahren auch das Tagebuch von Venkataramiah beschlagnahmt hatten. Deshalb hatte mein Bruder vor einer Woche vorsichtshalber die Originalbriefe, die den zweiten Teil bilden sollten, mitgenommen und ich hatte nur noch die Durchschläge bei mir.

Ich spürte, dass ich trotzdem gehorchen sollte. Aber wenn ich die Briefe einmal an das Büro ausgehändigt hätte, würde Bhagavan sie vermutlich nicht mehr zu Gesicht bekommen. Ich glaubte deshalb, es sei besser, wenn der Meister sie sah, bevor ich sie ablieferte. Am nächsten Morgen bündelte ich die Briefe und ging mit meiner Schwägerin in die Halle. Bhagavan saß mit ausgestreckten Beinen auf seinem Sofa. Es war völlig still in der Halle. Ich zitterte am ganzen Leib, legte ihm die Briefe zu Füßen, faltete die Hände und sagte mit zitternder Stimme: »Hier sind die Briefe. Man hat mich gebeten, sie dem Ashram auszuhändigen. Es ist der Schatz meines Herzens. Bhagavan kann damit tun, was er mag. Ich habe diese Arbeit nicht für Ruhm oder Wohlstand getan.« Tränen liefen mir die Wangen hinunter. Bhagavan sah mich voller Anteilnahme an und nahm das Bündel mit beiden Händen entgegen. Er übergab es Rajagopala Iyer und sagte: »Da sind sie. Sie hat all ihre Briefe ordentlich gebündelt. Gib sie im Büro ab.«

Ich wischte mir die Tränen ab und setzte mich in die vordere Reihe, die für die Frauen reserviert war. Meine Schwägerin saß neben mir. Meine Tränen hörten nicht zu fließen auf. Meine Schwägerin versuchte mich zu trösten und erzählte Bhagavan: »Seit Nagamma diese Briefe schreibt, kennt sie keinen Schlaf mehr. Sie ist darin völlig aufgegangen.« Bhagavan nickte und schwieg. Als Rajagopala aus dem Büro zurückkam, bat er mich um die Originale. Ich erklärte ihm, dass mein Bruder sie bei seinem letzten Besuch mit nach Madras genommen hatte. Bhagavan beobachtete alles und sagte nichts.

Seit mir die Arbeit in der Bibliothek weggenommen worden war und ich keine Briefe mehr schreiben durfte, wollte ich auch nicht mehr im Ashram helfen. Ich hatte nichts mehr zu tun und keine Gelegenheit mehr, mit Bhagavan zu sprechen und seinen Rat zu suchen. Als meine Schwägerin fort war, breitete sich ein Gefühl der Leere in mir aus, und mir wurde die Zeit lang. Nach etwa zehn Tagen spürte ich, dass mich das verrückt machte.

Ich hatte Chintu Dikshitulu über alles geschrieben und fügte einen halben Vierzeiler in Telugu bei mit der Bitte, ihn zu ergänzen. Der Vers lautete:

>>Er ist die Stärke für die Schwachen.Sollte er ihnen da nicht die Kraft geben, um die sie ihn bitten?<<

Er ergänzte:

>>Jene, die sich selbst nicht kennen, sind schwach. Jene, die sich kennen, sind demütig.<<

Da fasste ich neuen Mut. Ich schrieb neun Verse und legte sie Bhagavan zu Füßen. Er legte sie auf das Regal, sagte aber nichts. Später dichtete ich ein Lied. Es war eine eindringliche Bitte an den Meister, mir zu helfen, aber auch darauf bekam ich keine Antwort. Ich war so deprimiert, dass ich sterben wollte. Aus reiner Verzweiflung setzte ich mich eines Nachmittags hin und schrieb ein weiteres Lied mit dem Refrain: >>Wenn du nur einmal mit mir sprechen würdest, o Ramana!<<

Um 3 Uhr nachmittags ging ich zum Ashram. Als ich hereinkam, sagte Bhagavan zu jenen, die bei ihm waren: >>Seht, Nagamma kommt.<< Kaum hatte ich mich nach der üblichen Verbeugung erhoben, sagte er: >>Jemand hat dieses Gedicht geschrieben und hergeschickt.<< Lächelnd gab er es mir und bat mich, es zu lesen. Dann begann er, alles zu erzählen, was sich während der letzten zehn Tage zugetragen hatte. Es war, als würde er meinetwegen ein Bündel von Neuigkeiten öffnen. Er erzählte über eine Stunde lang. Alle waren über den plötzlichen Wandel überrascht, und ich war glücklich und zufrieden.

Von da an rief er mich immer herbei und sprach mit mir. Ich zeigte ihm das Lied, das ich gedichtet hatte, weil ich glaubte, er wisse nichts davon. Doch er lachte und sagte: »Ja, ich kenne es.«

Einen Tag zuvor war ich Bhagavan begegnet, als er vom Kuhstall zurückkam. Als er mich sah, blieb er stehen. Ich sagte: »Ich habe keine Arbeit mehr. Ich spüre, dass ich von Bhagavan ferngehalten werde. Es ist, wie wenn das Kind von seinen Eltern ferngehalten wird.« Bhagavan erwiderte: »Du bist es, die auf Abstand geht.« Ich antwortete: »Chinnaswami hat mir alles verboten.« »Wer weiß, was man ihm für Geschichten erzählt hat«, erwiderte Bhagavan und ging weiter. Da flaute mein Ärger über Chinnaswami ab. Offensichtlich gab es Leute, die gegen mich arbeiteten.

Ich hatte meinem Bruder fast einen Monat lang keinen Brief mehr geschrieben. Kunju Swami, der mich täglich besuchte, sagte: »Warum gibst du das Schreiben auf? Du schreibst an deinen Bruder, und es gibt überhaupt keinen Grund, damit aufzuhören, was immer man auch sagen mag. Es ist nicht grundlos, dass die Verantwortlichen im Ashram dich bitten, mit dem Schreiben aufzuhören. Brunton, Venkataramiah und andere haben geschrieben wie du. Andere haben es abgeschrieben, unter ihrem eigenen Namen veröffentlicht und damit Geld gemacht. Du willst nichts vermarkten. Warum solltest du also zögern? Selbst wenn es dir jetzt verboten ist, solltest du dennoch weiterschreiben, da diese Briefe für künftige Generationen von großem Nutzen sein werden. Ist es nicht eine bekannte Erfahrung, dass jedes gute Werk auf Hindernisse stößt? Deshalb solltest du nicht mit dem Schreiben aufhören.«

Fortsetzung des Briefeschreibens

Was mich am meisten ermutigte war, dass Bhagavan begonnen hatte mich herbeizurufen und mir alles zu erzählen, was sich während meiner Abwesenheit in der Halle ereignet hatte. Er sagte:»Du warst nicht da. Das ist während deiner Abwesenheit geschehen. Sie haben mir diese Fragen gestellt, und ich habe ihnen jene Antwort gegeben.« Und er erzählte mir alles viel ausführlicher als jemals zuvor. Kunju Swami, Muruganar und andere enge Freunde meinten:»Ist es nicht ein Jammer, dass du diese Dinge nicht mehr aufschreibst, wenn Bhagavan dir alles so ausführlich erzählt? Er tut das nur, weil er erwartet, dass du alles aufschreibst. Er macht das mit keinem von uns. Deshalb ist es eindeutig falsch, wenn du nicht mehr schreibst.«

Ich war sehr betroffen und fing wieder mit dem Schreiben an. Am 3. September 1947 begann ich mit dem dritten Teil meiner ›Briefe aus dem Ramanashram‹. Da ich alle anderen Aufgaben abgegeben hatte, konnte ich mich jetzt voll aufs Schreiben konzentrieren.

Veluri Sivarama Sastri kam mit seinem ersten Cousin zu Bhagavans *Darshan*. Nach dem Mittagessen besuchten sie mich. Ich berichtete ihm, wie es dazu gekommen war, dass ich mit dem Schreiben aufhören musste, und zeigte ihm die Briefe, die den dritten Teil ausmachen würden. Er las einige davon und meinte:»Was auch immer für Hindernisse und Versuchungen kommen mögen, bitte gib diese Arbeit nicht auf. Es ist eine Mission, die von Bhagavan inspiriert ist. Warum zweifelst du daran?« Ich erwiderte: »Warum bittest du eine ungebildete Frau wie mich darum zu schreiben? Ihr alle seid große Gelehrte. Warum bleibt ihr nicht hier und schreibt?« Sivarama Sastri lächelte und sagte: »Wir könnten diese Arbeit nicht tun. Weil unser Geist von den *Sastras* und anderen literarischen Werken eingenommen ist, können wir die innere Bedeutung der Lehren von großen Weisen wie Bhagavan nicht aufnehmen. Das Lernen ist ein großes Hindernis auf dem spirituellen Pfad. Du hast keine solchen Schwierigkeiten, da du Bhagavan als personifizierten Gott betrachtest und alles, was er sagt, für dich wie die heiligen Schriften ist. Deshalb musst du diese Arbeit tun. Es ist eine Verpflichtung. Lass dich nicht mehr entmutigen. Verstehe es als deine Aufgabe.«

Das war nicht nur ein Ratschlag, das war ein regelrechter Befehl. Ich fühlte mich sehr ermutigt und schrieb fortan ohne Unterbrechung.

Chinnaswami fragte mich immer wieder, ob ich noch diese Briefe schreiben würde, was ich jedes Mal verneinte. Je mehr du auf einen Gummiball schlägst, desto höher hüpft er. So war es auch hier. Je mehr Chinnaswami versuchte, mich am Schreiben zu hindern, desto emsiger floss die Tinte aus meinem Füller.

Doch ich fühlte mich schuldig, weil ich ihn anlog. Ich sagte zu Bhagavan: »Ich habe alles aufgeschrieben, was du gestern gesagt hast. Ich würde gerne wissen, wo der Vers zu finden ist, auf den du dich bezogen hast.« Er nannte mir dann das entsprechende Buch und sprach ausführlich darüber. Auf diese Weise verschaffte ich mir indirekt Gewissheit, dass er von meinem erneuten Schreiben wusste und es seine Zustimmung fand. Dennoch waren meine Zweifel immer noch nicht völlig ausgeräumt. Deshalb bat ich ihn, die neuen Briefe durchzusehen. Da meinte er: »Sie sind bei dir sicherer. Behalte sie bei dir.«

Chinnaswami arbeitete eine Zeit lang in der Küche, da es an Köchen fehlte, und ich half ihm gelegentlich. Als ich eines Tages in die Küche kam, sah mich Chinnaswami an und bemerkte:»Die Leute sagen, dass die Frauen schreiben und die Männer in der Küche arbeiten.« Ich fragte:»Swami, soll ich die schwere Küchenarbeit übernehmen?«»Das ist es nicht«, erwiderte er.»Du isst wenig. Wie kannst du da stark genug sein, die reguläre Küchenarbeit des Ashrams zu übernehmen? Alles, was ich damit sagen will, ist: gib das Schreiben auf und meditiere stattdessen.« Ich tat so, als würde ich ihm zustimmen, doch ich gab das Schreiben nie mehr auf, zumal es immer das eine und andere Gespräch in der Halle gab und ich der Versuchung nicht widerstehen konnte, es festzuhalten.

Eines Tages war ich des Schreibens müde und wünschte mir, jemand würde mir dabei helfen. Ich ging zu Bhagavan und setzte mich in seine Nähe. Er erzählte gerade die Geschichte von dem Spatzen und Garuda und machte dabei die Bemerkung:»Leute, die Gutes tun und Selbstergründung üben, geben ihre Arbeit niemals auf, selbst wenn sie sie als eine Last empfinden. Wie im Fall des Spatzen in der Geschichte, dem Garuda zu Hilfe kam, kommt von irgendwoher Hilfe. Durch die Gnade Gottes kommt die Hilfe von selbst.« Diese unerwartete Botschaft ermutigte mich sehr. Immer wieder fragten die Leute aus dem Ashrambüro, ob ich noch schreiben würde, und ich verneinte. Ich fühlte mich schuldig, da es nicht stimmte. Ich fragte mich, warum ich ständig lügen und diese Briefe in einer so negativen Atmosphäre schreiben sollte. Warum sollte ich es nicht einfach aufgeben? Mit diesem Zweifel ging ich zu Bhagavan. Er erzählte gerade Vorfälle aus seinen Kindertagen und sagte:»Ich habe meine Tante belügen müssen, als ich Madurai verließ. Es sind nicht wir, die die Lügen aussprechen. Irgendeine Kraft lässt es uns tun. Selbst *Shankara* konnte nur durch eine Lüge sein Leben als *Sannyasin* aufnehmen.«

Auf diese Weise klärte Bhagavan immer wieder meine Zweifel bezüglich der Briefe.

Um herauszufinden, ob ich immer noch schreiben würde, kamen bestimmte Leute zu den ungewöhnlichsten Zeiten zu mir. Aber jedes Mal, wenn sie auftauchten, hatte ich nur die alten Briefe bei mir. Wenn sie mich fragten, ob ich immer noch schreiben würde, sagte ich ihnen, dass ich lediglich die alten Briefe korrigieren würde. Einige glaubten mir, aber manche äußerten Chinnaswami gegenüber ihre Bedenken. Was konnte er tun? Wenn er mich danach fragte, sagte ich, dass ich nichts schreiben würde. Wenn er mir arg zusetzte, kamen mir die Tränen. Das erweichte ihn und er sagte: »Geh meditieren.«

Platzreservierungen

Einige Frauen reservierten sich ihre Plätze in der Halle und ließen denen, die später kamen, keinen Platz mehr übrig. Deshalb quetschte ich mich immer irgendwo hinten hin. Wenn Bhagavan etwas Schriftliches in Telugu erhielt oder jemand in Telugu eine Frage stellte, sah Bhagavan sich nach mir um und fragte: »Wo ist Nagamma?« Jemand sagte mir, dass Bhagavan nach mir verlangte, und ich ging nach vorne. Die anderen Frauen hatten dann keine andere Wahl, als mir Platz zu machen. Satyananda, einer von Bhagavans Helfern, meinte, ich sollte mich doch immer in die vorderste Reihe setzen. Bhagavan bemerkte lächelnd: »Aber seht ihr denn nicht, dass alle Plätze bereits reserviert sind.« Alle lachten. Wenn jemand fortan seinen Platz reservierte, bevor er hinausging, sagte Bhagavan humorvoll:»Da seht bloß, sein Platz ist reserviert.«

Einmal saß ich beim Fenster ganz hinten in der Halle und sah geistesabwesend auf den Arunachala. Sooramma sagte zu mir:»Bhagavan sieht immer in unsere Richtung.« Ich stand auf und ging zu ihm. Er gab mir ein Gedicht, das er gerade erhalten hatte. Ich las es durch und schrieb es ab. Sooramma meinte:»Wir sollten aufmerksam sein, was Bhagavan tut oder sagt und nicht andersherum. Ist es nicht ein Affront gegen den Guru, wenn du so weit von ihm weg sitzt?« Ich nahm mir ihren mütterlichen Ratschlag zu Herzen und war von nun an aufmerksamer.

Einige Tage später sprach Bhagavan von den Affen.»Seht euch die Affen an. Wenn einer von ihnen nur mit den Augen blinzelt, kommen sofort alle herbei und versammeln sich um ihn. Deshalb wird in der Sprache des *Vedanta* die Aufmerksamkeit mit dem Blick eines Affen verglichen. Wenn der Guru den Schüler anblickt, muss der Schüler diesen Blick sofort verstehen. Wie kann er sonst aus seiner Schülerschaft irgendeinen Nutzen ziehen?« Das war für mich eine gute Lektion. Von da an war ich aufmerksamer denn je.

Wenn jemand Geschichten aus den *Puranas* erwähnte, nahm Bhagavan das entsprechende Buch aus dem Regal und las die Geschichte laut vor. Wenn es Tragödien waren, war er offensichtlich tief berührt. Er weinte und konnte nicht mehr weiterlesen. Er legte dann das Buch auf sein Sofa und sagte:»Ich weiß, dass das alles nur Geschichten sind, dennoch wird der Körper davon berührt. Er hält nicht still.«

Einmal las Bhagavan die Geschichte über Tara aus dem Ramayana vor. Da traten ihm Tränen in die Augen und seine Stimme begann zu beben. Es war, als würde das ganze Drama vor ihm aufgeführt. Ich sagte:»Bhagavan scheint sich in Tara verwandelt zu haben.« Da nahm er sich zusammen und sagte mit einem Lächeln:»Was soll ich machen? Ich identifizierte mich mit jedem. Ich habe keine getrennte Identität. Ich bin universal.«

Als ich mit dem Schreiben der ›Briefe aus dem Sri Ramanashram‹ begonnen hatte, gab ich es auf, schon am frühen Morgen zum *Parayana* in den Ashram zu gehen. Ich badete, kochte, erledigte andere Arbeiten und ging gegen 7.30 Uhr zum Ashram. Bhagavan war um diese Zeit auf dem Berg spazieren, und wir warteten auf seine Rückkehr. Ich setzte mich auf die nördliche Seite im Speisesaal. Ich konnte dann sehen, wie Bhagavan den Berg herunterkam. Er sah aus wie der Herr Shiva, der vom Himmel auf die Erde herabsteigt.

Nur in den Morgenstunden gab es in der Halle Gespräche über verschiedene Themen. Deshalb war ich immer da. Manchmal gab jemand Bhagavan ein Gedicht, oder er selbst schrieb einen Vers, wenn ich bereits nach Hause gegangen war. Bhagavan gab dann den Vers einem seiner Gehilfen und sagte:»Bewahre ihn sorgfältig auf. Wir müssen ihn morgen Nagamma zeigen. Wir wissen nicht, ob sie zum *Parayana* da sein wird.«

Manchmal spürte ich, dass ich ausnahmsweise zum morgendlichen *Parayana* erscheinen sollte. Wenn Bhagavan mich dann kommen sah, sagte er:»Ich habe gerade gesagt, dass man dir diese Schriftstücke geben soll, und da kommst du auch schon. Woher weißt du das?« Ich erwiderte:»Ich habe irgendwie gespürt, dass ich diesmal kommen sollte.« Bhagavan sagte, dass es solche Zufälle auch mit verschiedenen anderen Menschen geben würde.

Ausflug zum Skandashram

Stufen vom Skandashram den Berg hinunter

Im Winter 1947 war mein Bruder mit seiner Frau im Ashram. Er wollte mit seinen Freunden zum Skandashram. Meine Schwägerin wollte gerne mitkommen, doch er befürchtete, sie würde es nicht schaffen, und ging ohne sie. Noch am selben Abend fuhr er nach Madras zurück. Meine Schwägerin wollte noch etwas länger im Ashram bleiben, und deshalb ließ er sie bei mir. Ich versicherte ihr, dass ich alles tun würde, um sie zum Skandashram zu bringen.

Am nächsten Morgen gingen wir beide in die Halle und setzten uns in die vorderste Reihe. Ich sagte zu Bhagavan: »Meine Schwägerin wollte gestern mit meinem Bruder zum Skandashram, aber er hat sie nicht mitgenommen, da sie gesundheitlich angeschlagen ist. Sie möchte sehr gerne dorthin.«

Meine Schwägerin sah Bhagavan flehend an. Da wurde sein Herz weich, und er sagte zu mir: »Warum macht ihr euch Sorgen? Du kannst sie hinbringen. Er muss in Eile gewesen sein. Ihr könnte morgen hingehen.« »Ja, ich werde sie selbst hinbringen. Aber ich fürchte, sie wird nicht in der Lage sein, den Berg hinaufzusteigen«, erwiderte ich. Bhagavan meinte: »Wie komisch! Ich habe viele Leute auf den Gipfel des Berges gebracht, die viel älter als sie waren. Manche waren über 80 Jahre alt. Was ist das Problem? Brecht am frühen Morgen auf, solange es noch nicht heiß ist. Nehmt einen Ochsenkarren bis zu den vorderen Stufen des Berges und geht dann die Stufen hinauf, eine nach der anderen. Bleibt oben, bis es abkühlt, und kehrt auf demselben Weg zurück. Nehmt etwas zu Essen mit.«
Meine Schwägerin freute sich sehr und strahlte über das ganze Gesicht. Sie hatte die nötige Kraft gewonnen und ich den nötigen Mut.

Noch am selben Abend bestellte ich einen Ochsenkarren und kaufte Obst, Puffreis, Kichererbsen und andere Nahrungsmittel. Am nächsten Morgen nach dem Frühstück verabschiedeten wir uns von Bhagavan und brachen zum Skandashram auf. Chinnaswami gab uns noch ein Päckchen *Iddlies* mit auf den Weg. Zwei *Patasala*-Schüler begleiteten uns. Zu jener Zeit lebte Venkataraman, der jetzige Ashram-Präsident, in der Stadt. Als er von unserer Pilgertour zum Skanashram hörte, schlossen sich uns Lakshmi und zwei weitere ältere Damen aus seinem Haushalt an. Wir gingen langsam die Stufen hinauf, besuchten die Virupaksha-Höhle und andere Höhlen, die auf dem Weg lagen, und kamen gegen 10 Uhr im Skandashram an. Es stießen noch mehr Leute zu uns. Wir waren schließlich eine Gruppe von 15. Jemand brachte gewürzten Reis mit, jemand anderer *Uppuma* und noch jemand anderer Buttermilch. Wir schickten die beiden Schüler zum Ashram zurück, damit sie Bhagavan Bescheid geben konnten, dass wir sicher eingetroffen waren. Wie glücklich wir doch alle dort waren! Es war unbeschreiblich! Wir redeten, sangen, hörten Musik und was nicht noch alles. Bhagavan bemerkte: »Es scheint dort oben sehr schön zu sein. Sie haben sich alle zu einer großen Gruppe zusammengefunden. Wir haben keine Möglichkeit, einen solchen Ausflug zu machen. Was kann man tun? Sie werden nicht vor 4 Uhr zurück sein.«

Wir blieben bis gegen 3 Uhr auf dem Berg. Als wir im Ashram ankamen, sagte Bhagavan: »Ihr seid zurück? Lakshmi, auch du warst dabei? Das ist gut.« Dann fragte er, ob meine Schwägerin Schwierigkeiten gehabt habe. Ich verneinte.

Wir waren uns alle einig, dass dieses große Fest nur durch Bhagavans Gnade möglich gewesen war. Mein Bruder war sehr erstaunt, als er davon hörte.

Als meine Schwägerin 1949 den Arunachala zu Fuß umrunden wollte, erhob mein Bruder keinen Einwand mehr, sondern erzählte Bhagavan davon. Sie nahmen einen Wagen mit, für den Fall, dass meine Schwägerin nicht den ganzen Weg gehen konnte. Doch durch Bhagavans Gnade benötigte sie den Wagen nicht. Am Abend meinte Viswanatha Brahmachari vergnügt: »Wenn deine Schwägerin nicht nur zum Skandashram hinaufgekommen ist, sondern sogar den Berg umrundet hat, hat sich das Sprichwort bewahrheitet: ›Durch die Gnade des Gurus reden die Stummen, und die Lahmen überqueren Berge.‹«

Ich habe viele solche außergewöhnlichen Ereignisse beobachtet. Ich glaube nicht, dass es Wunder sind, sondern lediglich Manifestationen der Verbindung von Meister und Schüler.

Hirse

Seit 1940 esse ich Hirse statt Reis und brachte auch Bhagavan etwas davon. Er ließ sich Salz und Chilli geben, streute es darüber, verteilte es unter allen Anwesenden und nahm eine kleine Portion für sich selbst. Da er es offensichtlich mochte, bereitete ich es häufig für ihn zu. Als Bhagavan das bemerkte, meinte er: »Warum machst du dir diese Arbeit? Ab und zu ist es in Ordnung, aber nicht ständig.« Da machte ich es für längere Zeit nicht mehr.

Einmal bereitete ich frisch geerntete Hirse zu. Da kam Bhagavans Gehilfe Venkataratnam herein. Als er die weiße Hirse sah, meinte er: »Wie schön! Bhagavan mag sie sehr.« Ich sagte ihm, dass ich sie Bhagavan bringen wollte, aber befürchtete, dass er mich wieder ausschelten würde. Venkataratnam meinte, es sei nun schon einige Zeit her, dass ich ihm davon gebracht hätte, und er würde sicher gerne davon essen. Ich bat ihn etwas zu kosten, aber er lehnte ab, da Bhagavan zuerst davon essen sollte. Ich probierte auch nichts, sondern schüttete die Hirse in ein tragbares Gefäß und brachte es am Nachmittag zu ihm. Bhagavan meinte lächelnd: »Oh, du hast wieder einmal Hirse gebracht?« Ich nahm meinen Mut zusammen und erwiderte: »Seit dem letzten Mal ist über ein Jahr vergangen. Diese Hirse ist frisch geerntet. Die Körner sind weiß wie Jasminblüten. Es hat nicht einmal zwei *Annas* gekostet, und ich sollte wenigstens ab und zu die Gelegenheit haben, Bhagavan etwas zu bringen.« Bhagavan wurde weich. »Es ist in Ordnung«, sagte er. »Ich mag es sehr gerne. Ich will nur nicht, dass du dir damit zu viel Arbeit machst. Als ich auf dem Berg lebte, habe ich alle Arten von Körnern gegessen. Hirse schmeckt gut und ist gesund.« Er gab Erdnüsse, Salz, Chilli und Ghee hinzu, verteilte sie an alle und aß genussvoll seine kleine Portion.

Als ich ihm später wieder einmal Hirse brachte, meinte er: »Du scheinst die ganze Zeit im Ashram zu verbringen. Wann hast du Zeit zum Kochen?« Ich erzählte ihm, dass ich solche Dinge immer nach dem Mittagessen zubereitete. Da wandte er sich an Venkataratnam und fragte: »Sie kommt schon morgens um 7 Uhr. Wann kocht sie für sich?« Venkataratnam erwiderte, dass ich schon um 3 Uhr aufstehen und um 7 mit allem fertig sein würde. »Aber wann schreibt sie?«, fragte Bhagavan. Ich erwiderte: »Am Abend. Ich esse etwas Leichtes und schlafe dann für eine Weile. Um Mitternacht wache ich immer von selbst auf. Ich schreibe etwa eine Stunde lang und lege mich dann wieder schlafen. Um 3 Uhr wache ich von selbst auf. Ist das nicht genügend Schlaf?«

Srimati Suramma, die in meiner Nähe wohnte, meinte: »In ihrem Haus brennt die ganze Nacht das Licht. Gott allein weiß, wann sie schlaft.« Bhagavan nickte nur und schwieg.

Im Frühjahr 1947 kam von der Ashramverwaltung die Anweisung, dass keiner mit Bhagavan unnötig sprechen sollte, da es ihm gesundheitlich nicht gut ginge. Wir hielten uns alle strikt daran. Eines Tages kam ich um 2 Uhr nachmittags in den Ashram. Bhagavan las im *Periyapuranam*. Als er mich bemerkte, sagte er enthusiastisch: »Sieh her, das sind die Geschichten von Sundaramurti, Sambandar, Manikkavasagar und Appar[12]« und begann, mir ihre Geschichten zu erzählen. Er erzählte mir eine Geschichte nach der anderen, bis am späten Nachmittag die Post gebracht wurde. Danach erzählte er mir eine weitere Geschichte, bis seine Helfer seinen Spazierstock und sein Wassergefäß für den Abendspaziergang für ihn bereithielten. Bhagavan sagte: »Oh, die Zeit ist um« und ging hinaus.

Das ›Na Karmana‹

Wenn eine *Puja* oder eine andere religiöse Feier im Ashram stattfand, war es üblich, dass die Leute eine Schale mit Früchten, Blumen, Kampfer und Räucherstäbchen zu Bhagavan brachten, das ›Na Karmana‹ rezitierten und ihn um seinen Segen baten. Erst wenn Bhagavan die Gegenstände berührt hatte, konnte die Feier beginnen.

[**Na Karmana:**

Unsterblichkeit erlangt man weder durch Taten noch durch Nachkommen oder Wohlstand. Doch einige erlangen sie durch Verzicht.

Die Weisen, die die Sinne überwunden haben, erlangen dieses Sein (sat), das weitaus größer als der Himmel ist und ganz allein im Herzen erstrahlt.

---

[12] die vier großen Tamil-Heiligen aus dem 7./8. Jh.

Sri Ramana segnet Puja-Artikel

Die Meister, die durch Entsagung und Konzentration reinen Herzens geworden sind und die Gewissheit dieser einen Wahrheit, die das Vedanta bekundet, erkannt haben, erlangen in Brahmaloka [der Ort Brahmans] die volle Befreiung von der ursächlichen *maya*, wenn der Körper sich auflöst.

Nur das, was frei aller Sorgen als feinster Äther (akasa) im Herzen des Lotus ewig erstrahlt, dieser winzige Sitz des reinen Höchsten im Innersten des Leibes, ist wert, dass man es verehrt.

Er allein ist der höchste Herr, der sich jenseits des Ur-Wortes befindet, welches der Anfang und das Ende der Veden ist und in das der Ursprung der Schöpfung eingeht.[13]

---

[13] Einschub der Übers. Das ›Na Karmana‹ [wörtl.: nicht durch Handlung] stammt ursprünglich aus der Maha Narayana Upanishad. Es wird als letzter Hymnus des *Veda-Parayana* gesungen. Im Raman-

Ein Devotee meinte: »Immer, wenn irgendeine *Puja* stattfinden soll, bringen die Leute alle dafür nötigen Dinge zu Bhagavan, damit er sie durch seine Berührung segnet. *Puja* ist aber eine Handlung (*Karma*). Gleichzeitig rezitieren sie das Mantra ›Na Karmana‹, das besagt, dass die Befreiung nicht durch *Karma* (Handeln) und auch nicht durch Nachkommen und Wohlstand erlangt werden kann, sondern nur durch Entsagung. Widerspricht sich das nicht?«

Bhagavan lächelte und sagte: »Ja. Wenn die Leute die wahre Bedeutung dessen verstehen würden, was sie rezitieren, würden sie das alles nicht tun. Wie oft wird dieses Mantra hier vorgetragen? Es wäre gut, wenn die Leute die Bedeutung verstehen und in die Praxis umsetzen würden. Aber wer macht das schon? Es werden Rituale vollzogen, um Gott zu verehren. Trotzdem ist es eine gute Sache. Ich verliere nichts dabei, wenn ich die *Puja*-Artikel berühre, und deshalb mache ich es. Das ist alles.«

Ein anderer Devotee bat Bhagavan, ihm die Bedeutung des Mantras zu erklären.

Der Meister antwortete: »Vor einiger Zeit stellte ein Devotee dieselbe Frage, und ich zeigte ihm den Kommentar, den Vidyaranya dazu geschrieben hat. Er meinte, er könne ihn nicht richtig verstehen, und deshalb musste ich ihn ihm erklären. Um solche Fragen künftig zu vermeiden, übertrug ich das ›Na Karmana‹ ins Tamil. Das war etwa 1938. Später haben die Leute es eingerahmt und im Speisesaal aufgehängt.«

Ein anderer Devotee brachte das eingerahmte ›Na Karmana‹, damit die Leute es lesen konnten. Da fragte ich, ob es

---

ashram war es Brauch, dass die Devotees sich dazu erhoben und sich zum Schluss vor Ramana verneigten. 1938 hat Ramana es ins Tamil übersetzt.

auch ins Telugu übersetzt worden sei. Bhagavan erwiderte: »Ich weiß es nicht.« »Hat Bhagavan es übersetzt?«, fragte ich. »Nein, aber wozu sollte ich? Du kannst es ins Telugu übersetzen, wenn du willst.«

Ich wollte ihn nicht weiter damit bedrängen und übersetzte es selbst ins Telugu.

Was Bhagavan ist

Als ich 1944 alle telugischen Gedichte in ein Notizbuch abschrieb, stieß ich auf ein Gedicht von Durbha Subramanya Sastri und zeigte es Bhagavan. Er deutete auf einen Vers: »Es heißt dort: ›Was für ein Dummkopf du doch bist! Du hast dein wertvolles Wissen, das du dir durch *Tapas* in den verschiedenen Höhlen auf dem Berg erworben hast, nicht unter ein Copyright gestellt, sondern es allen frei zugänglich gemacht.‹ Er nennt mich einen Dummkopf. Das ist doch irgendwie gut.« Wir waren über Bhagavans Worte amüsiert.

Unter anderen Papieren kamen telugische Gedichte von Vinnakota Venkataratnam zum Vorschein. Als ich Bhagavan fragte, wann Venkataratnam diese Gedichte geschrieben hatte, antwortete er: »Lange bevor du in den Ashram gekommen bist war er für einige Zeit hier. Bevor er wieder ging, hat er diese Gedichte geschrieben. Er nennt mich darin einen, der die Leute überrumpelt. Es gibt verschiedene Beschreibungen von mir. Wer könnte sie in Frage stellen?«

Einige Tage später erschien ein Artikel von Souris in einer telugischen Zeitschrift. Srinivasa Mouni, der sich um die eingehende Post kümmerte, brachte das Heft zusammen mit der anderen Post. Nachdem Bhagavan alle Briefe gelesen hatte, gab er sie zurück. Mouni ließ die Zeitschrift da und bemerkte lächelnd:»Was für ein Dieb Bhagavan doch ist!«

Als Bhagavan den Artikel in der Zeitschrift gelesen hatte, gab er ihn mir und sagte:»Es ist ein Artikel, den Souris über mich geschrieben hat. Lies ihn laut vor, damit alle Anwesenden es hören können.« Ich las ihn vor. Gegen Ende hieß es:»Schließlich hat Bhagavan mich völlig verschlungen, d.h. mein Ego. Was für ein Dieb!« Da lachten alle, die Telugu verstanden.

Bhagavan sagte:»Ich weiß nicht, was ich wirklich bin. Sarma sagt, ich sei ein Dummkopf, Vinnakota sagt, ich würde die Leute überrumpeln und Souris sagt, dass ich ein Dieb bin. Jeder muss für sich entscheiden, was genau ich bin. Nayana nennt mich einen Koch. Ja, das eine oder andere. Alles sind gute Bezeichnungen.« Wir lachten, und er stimmte in unser Gelächter ein.

Welches Glück hat doch dieser Sabari!

S. Doraiswami Iyer war ein erfolgreicher Anwalt in Madras und verdiente gut, gab dann aber seine Praxis auf, um sein Vermögen dem Aravindashram zu spenden. Fortan lebte er dort als ein Ashram-Bewohner. Gelegentlich kam er zum Ramanashram. Ich schrieb gerade Gedichte in ein Notizbuch, als er in die Halle kam und sich hinsetzte. Er beobachtete, wie Bhagavan mich gelegentlich herbeirief und mir Anweisungen für die Abschrift gab.

Als ich die Halle verließ, schlich er sich unbeobachtet hinter mich und sang das berühmte Lied von Thyagarajan:»Welches Glück Sabari doch hat, welches Glück hat doch dieser Sabari!« Ich wunderte mich über das unerwartete

Singen hinter mir und drehte mich um. Er sah mich lächelnd an. Ich fragte ihn, warum er dieses Lied sänge. Da deutete er auf mich und sagte:»Ja, Amma (Mutter), ich sage, dass dieser Sabari großes Glück hat. Bhagavan spricht nicht mit uns, wie viele Fragen wir ihm auch stellen mögen. Aber dich ruft er herbei und fragt: ›Wo ist Nagamma?‹ Er spricht immer wieder mit dir. Welches Glück du doch hast!« Ich freute mich natürlich sehr darüber.

Keine Einschränkungen

Für rechtgläubige Frauen ist es Brauch, dass sie während ihrer Monatsblutung weder lesen noch schreiben.[14] Ich habe mich lange daran gehalten und ging während der drei oder vier Tage nicht zum Ashram. Meine Arbeit, die tamilischen Schriften, die wir von verschiedenen Leuten erhielten, abzuschreiben, häufte sich während dieser Zeit an. Bhagavan beobachtete das eine Zeit lang.

Als ich deswegen das vierte Mal abwesend war, kamen einige Gedichte per Post und sollten abgeschrieben werden. Als man sie Bhagavan überreichte, sagte er zu Rajagopala Iyer:»Wir haben diese Gedichte erhalten, aber Nagamma ist nicht erschienen. Sie ist jeden Monat einige Tage nicht da. Selbst ein Herrscher muss um Urlaub ersuchen, aber nicht die Frauen. Sie bleiben einfach weg wie es ihnen gefällt, und wir können daraus unsere Schlüsse ziehen. Geh zu ihr und bring ihr diese Gedichte und das Notizbuch. Sie kann sie abschreiben, wenn sie Muse dazu hat. Sie soll sich zuerst die Korrekturfahnen ansehen, da wir sie sofort zur Druckerei zurückschicken müssen.«

---

[14] Die Monatsblutung gilt als Verunreinigung. Frauen sollten während dieser Zeit nicht zum Ashram kommen, nicht meditieren und sich nicht mit geistigen Dingen befassen.

Rajagopala Iyer brachte mir die Schriftstücke und erzählte mir alles, was Bhagavan gesagt hatte. An diesem Tag verschwanden alle meine Bedenken über die Einschränkungen während meiner Monatsblutung. Ich kümmerte mich sofort um die Korrekturfahnen und machte die Abschriften.

Bhagavans Geburtstag ist ein wichtiges Ereignis. Die meisten Devotees kommen am Morgen seines Geburtstags und bleiben bis abends, aber einige Ältere kommen bereits einen Tag früher und bleiben einen Tag länger. Deshalb ist es im Ashram drei Tage lang sehr betriebsam.

Einmal hatte ich während seines Geburtstags meine Tage. Ich saß verstimmt auf meiner Veranda und brütete über meine missliche Lage. Da ich nicht zur gewohnten Stunde im Ashram aufgetaucht war, kam Subbaramayya zu mir, um zu sehen, was los war. Als ich es ihm erklärt hatte, sagte er ein paar tröstende Worte und ging zurück. Bhagavan fragte ihn: »Warum ist Nagamma nicht gekommen?« Subbaramayya erklärte es ihm und erzählte ihm auch, dass ich sehr niedergeschlagen sei. Bhagavan meinte: »Warum? Sie kann meditieren.«

Seit diesem Tag bin ich überzeugt, dass es nicht nötig ist, während der Monatsblutung vom Meditieren zu lassen. Man muss von den Unreinheiten des Geistes frei werden. Das ist es, was wirklich zählt. Dasselbe gilt auch für die Schreibarbeiten.

Fasten

An besonderen Tagen fastete ich. Oft kamen gerade dann viele Gedichte, die ich abschreiben sollte. Bhagavan sah sie sich sorgfältig an, anstatt sie nur oberflächlich durchzusehen, wie er es tat, wenn ich da war. Rajagopala Iyer fragte ihn, warum er sich die Mühe machte, anstatt sie Nagamma zu geben. Bhagavan gab darauf keine Antwort. Deshalb ging ich zu ihm und bat um die Schriftstücke, doch er gab sie mir nur widerwillig.

Da erinnerte ich mich an Echammals Nichte Chelammal, die das Fasten aufgab, weil sie erkannte, dass der Dienst für Bhagavan wichtiger war. In einem Gedicht heißt es:»Wenn man in der Gesellschaft von heiligen Menschen ist, braucht man keine religiösen Einschränkungen auf sich zu nehmen. Wenn der kühle Wind bläst, wozu braucht man dann einen Fächer?«

Kunju Swami hatte auch an bestimmten Tagen gefastet. Bhagavan hat ihn dann mit keiner Arbeit betraut.»Wie können wir ihm Arbeit geben, wenn er vom Fasten geschwächt ist?« Als Kunju Swami davon erfuhr, gab er das Fasten auf.

Einmal fragte ein Devotee Bhagavan über die Bedeutung des Fastens. Er sah ihn gütig an und antwortete:»Wenn alle Tätigkeiten aufgegeben werden, wird der Geist auf eins gerichtet. Wenn solch ein Geist sich auf Gott konzentriert, ist das das wirkliche Fasten (Upavasam). ›Upa‹ bedeutet ›nahe sein‹ und ›Vasam‹ bedeutet ›leben‹. Er lebt in seinem Selbst. Wünsche sind die Nahrung des Geistes. Sie aufzugeben ist Upavasam. Wenn keine Wünsche mehr da sind, gibt es auch kein solches Ding wie den Geist. Was übrig bleibt, ist das Selbst. Wenn man geistig fasten kann, muss man nicht körperlich fasten. Jenen, die nicht geistig fasten können, wird empfohlen, körperlich zu fasten, um den Geist zu reinigen.«

Alles kommt zum Vorschein

Einige Devotees im Ashram hatten etwas Unrechtes getan. Da fragte ein Devotee Bhagavan: »Bhagavan, warum benehmen sich die Leute selbst in deiner Gegenwart auf diese Weise?« Bhagavan antwortete lächelnd: »Wie könnte es anders sein? Das, was innen ist, kommt ans Tageslicht. Was nicht in einem Menschen ist, kann auch nicht herauskommen. Das Gute kommt zum Vorschein, aber ebenso das Schlechte. Nichts kann für lange Zeit verborgen bleiben.« Der Devotee fragte: »Das bedeutet, dass die Gegenwart eines *Jnanis* oder *Mahatmas* wie ein Spiegel ist. Was innen ist, spiegelt sich nach außen. Ist es so?« »Ja. Die Gedanken desjenigen, der mir gegenübersitzt, spiegeln sich hier. Wo Leute zusammenkommen, geschehen solche Dinge. Man kann nichts machen.«

Annamalai Swami kümmerte sich um die Errichtung der Ashramgebäude. Eines Tages kam er in die Halle, während alle still meditierten. Bhagavan fragte ihn, ob eine bestimmte Mauer fertig sei und ob man mit dem Bau des neuen Zimmers begonnen habe. Da fragte ein Devotee: »Bhagavan, warum sprichst du mit Annamalai Swami immer nur über die Bauarbeiten?« Bhagavan erwiderte: »Jedes Mal, wenn er kommt, scheint es als ob die Gebäude selbst kommen würden. Was kann ich tun? Mit welchen Gedanken die Leute auch immer zu mir kommen, sie spiegeln sich in mir. Wenn ich mit ihm über dieses Thema spreche, ist er zufrieden. Er wird es nicht bedauern, dass er nicht hier sitzen und meditieren kann. Er kümmert sich nur um die Bauarbeiten und ist völlig zufrieden, wenn ich ihn danach frage.«[15]

---

[15] Annamalai Swami zog sich später nach Palakothu zurück und führte ein meditatives Leben.

Unterweisung (Upadesa)

Bhagavan: »Wenn *Mahatmas* von ›Ich-Ich‹ reden, meinen sie damit nicht ihren Körper. ›Ich‹ bedeutet das individuelle Ich-Gefühl. Das, was von diesem individuellen Ich-Gefühl befreit ist, ist *Atman*, das Selbst. Wenn dieses Ich sich nach außen richtet, wird es weltlich, und wenn es sich nach innen richtet, wird es zu *Aham Sphurana* und allumfassend.«

Ein Devotee fragte nach der Bedeutung von Bhagavad Gita VII,14: »Wahrlich, meine göttliche Illusion, bestehend aus den *Gunas*, ist schwer zu überwinden. Diejenigen, die sich nur MIR zuwenden, überqueren diese Illusion.«

Bhagavan: »Es bedeutet: Es ist sehr schwer, MEINE wundervolle Illusion (*Maya*), die aus den drei *Gunas* besteht, zu überwinden. Doch jene, die in MIR ihre Zuflucht nehmen, werden sie überwinden. Das sind jene, die Selbstergründung üben und ihre Zuflucht in diesem ›Ich‹ nehmen. Sie können die Illusion überwinden.

Ein anderer Vers lautet: ›Es gibt viererlei Arten von Menschen, die mich verehren, oh Arjuna: jene, die nach weltlichen Objekten suchen, die leiden, die nach Wissen streben und der Mann der Weisheit.‹ Dann heißt es weiter: ›Der Beste ist der Mann der Weisheit, der seine Identität dauerhaft in MIR gefunden hat und MICH ausnahmslos verehrt. Denn Ich bin dem Weisen unaussprechlich teuer, und er ist MIR ebenso teuer.‹ (Bhagavad Gita VII,17)

Wie du siehst, ist dem *Jnani* das ›Ich‹ am liebsten. Er verehrt nur dieses ›Ich‹. Er ist MIR teuer, und Ich bin ihm teuer. Das bedeutet, dass das Selbst, das immer ›Ich-Ich‹ sagt, teuer ist. Wenn es in der Gita heißt: ›Diene MIR, gib dich MIR hin, Ich bin alles‹, bezieht sich das auf das Selbst und nicht auf eine Göttergestalt. Wenn die *Mahatmas* von

›Ich‹ reden, meinen sie alleine dieses Selbst und nicht den Körper. Für sie zählt nichts anderes als das Selbst.«

Falsche Lehre

Einmal behauptete eine Anhängerin, dass Bhagavan sie beauftragt habe, andere in die Mantra-Praxis einzuführen, und versammelte Schüler um sich. Das verursachte einigen Aufruhr. Man schenkte ihr kostbare Seidensaris und verehrte sogar ihre Füße, wie man es bei einem Guru tut.

Als ein Devotee vom Ramanashram Schüler der Frau traf, brachte er seine Kritik an. Doch sie hörten nicht auf seinen Protest und behaupteten, dass Bhagavan selber der Frau diese persönliche Anweisung gegeben habe. Sie hielten sie für die Verkörperung der Heiligen Mutter, und sie würde niemals lügen.

Als der Devotee zum Ashram zurückkam, erzählte er Bhagavan die ganze Geschichte und fragte ihn, ob er ihr jemals eine solche Anweisung gegeben habe. Bhagavan erwiderte: »Was weiß ich? Ich habe so etwas nie zu irgendjemandem gesagt.« »Soll ich hingehen und den Leuten sagen, dass sie sofort damit aufhören sollen?«, fragte der Devotee. Bhagavan meinte lächelnd: »Was für ein Gedanke! Nimm einmal an, du gehst hin und sagst ihnen, dass Bhagavan niemals solche Anweisungen gegeben hat. Sie werden dann behaupten, er habe es auf subtile Weise getan, oder er sei ihr im Traum erschienen, und werden endlos argumentieren. Selbst wenn sie herkommt und zu mir sagt: ›Swami, bist du mir nicht an diesem oder jenem Tag im Traum erschienen und hast mir diese Anweisung gegeben?‹ oder: ›Hast du mir nicht diese Anweisung auf subtile Weise gegeben?‹, was kann man dann tun? Wenn ich

›nein‹ sage, muss ich es beweisen. Wer kann sich mit ihnen anlegen?«

Da gab der Devotee sein Vorhaben auf.

Kunju Swami

Als Bhagavan vom Skandashram zum jetzigen Ort am Fuße des Berges umzog, verwaltete Dandapani Swami den Ashram. Er war auch für die Küche verantwortlich. Bhagavan arbeitete unter ihm als Küchenhelfer. Er mahlte die Zutaten fürs Chutney, und wenn Reis und *Dhal* über Nacht eingeweicht wurden, zermahlte er sie am nächsten Morgen für die *Idllies*. Bhagavan tat all diese Arbeiten.

Einmal bekam Bhagavan beim Mahlen Blasen auf seinen Händen. Als Kunju Swami das bemerkte, bat er Bhagavan, mit dem Mahlen aufzuhören. Doch Bhagavan hörte nicht auf ihn. Dandapani hatte einen Korb mit Tamarindenblättern erhalten, briet sie mit Chillies und gab das Ganze Bhagavan, damit er es fürs Chutney zermahlte. Bhagavan mahlte trotz der Blasen.

Kunju Swami konnte sich nicht beherrschen und sagte zu Bhagavan: »Wenn du weitermahlst, werde ich nichts von dem Chutney essen.« Ohne auf den Protest zu reagieren, mahlte Bhagavan weiter und machte das Chutney fertig. Als es zur Essenszeit serviert wurde, weigerte sich Kunju Swami, davon zu essen. Bhagavan bemerkte es und fragte von da an Kunju Swami immer, ob er dies oder das tun dürfe. »Darf ich mit dieser Person sprechen? Darf ich hinausgehen, um mich zu erleichtern? Darf ich essen?« usf. Auf diese Weise neckte er Kunju Swami, indem er für alles um seine Erlaubnis bat.

Als seine Helfer ihn fragten: »Bhagavan, was soll das bedeuten?«, antwortete er: »Ich muss nach seinen Anweisungen handeln, sonst weigert er sich zu essen. Wenn er sagt, ich soll aufstehen, muss ich aufstehen. Wenn er sagt, ich soll mich hinsetzten, muss ich mich hinsetzten. Ich muss alles tun, was er sagt. Er hat sich geweigert, von dem Chutney zu essen, weil ich nicht mit Mahlen aufgehört habe, wie er es wollte. So ist es mit diesen Leuten. Sie kommen als *Sadhakas* und versuchen dann uns herumzukommandieren. Alles ist gut, solange wir ihre Anweisungen befolgen.«

Als Kunju Swami das hörte, war er sehr niedergeschlagen und wollte für einige Zeit auf Pilgerreise gehen. Er bat Bhagavan um seine Zustimmung, nach Tirupati gehen zu dürfen. Bhagavan sagte weder ja noch nein, sondern gab ihm verschiedene Arbeiten zu tun, die ihn voll beschäftigten und davon abhielten, nochmals um Erlaubnis zu bitten.

Eines Tages bat er Kunju Swami, ihn auf dem *Giri-Pradakshina* (Umrundung des Berges) zu begleiten. Kunju Swami hoffte, er würde danach Bhagavans Zustimmung erhalten, packte seine Kleider zusammen und nahm sie mit. Er wollte anschließend direkt zum Bahnhof. Bhagavan beobachtete das und ging absichtlich viel langsamer als gewöhnlich.

Als sie am Ende des *Pradakshina* durch die Stadt kamen, war der Zug gerade abgefahren. Bhagavan sah Kunju mit einem Lächeln an und sagte: »Kunju, da ist der Zug, mit dem du fahren wolltest. Beeil dich! Versuch ihn zu erreichen!« Alle anderen Devotees lachten. Doch Bhagavan erklärte: »Als er ein kleiner Junge war, brachte ihn jemand – vielleicht sein Guru – zu mir und hat ihn meiner Sorge anvertraut. Jetzt will er von mir fort. Wohin will er gehen?

Wenn sein Guru kommt und mich fragt: ›Wo ist mein Schüler?‹, was kann ich ihm dann antworten?«

Daraufhin gab Kunju Swami jeden Gedanken an eine Pilgerreise auf.

Die Devotees sagten zu Bhagavan: »Kunju ist sehr traurig. Er wollte nach Tirupati, um Geistesfrieden zu finden. Wie kann er hier bleiben, wenn Bhagavan ihm nicht verzeiht?« Bhagavan lachte und erwiderte: »Wie seltsam! Ich habe das nicht ernst gemeint. Was hat er denn falsch gemacht? Er konnte den Anblick der Blasen an meinen Händen nicht ertragen, die durch das Mahlen noch schlimmer wurden. Nichts daran ist falsch. Sagt ihm, er soll die dumme Idee mit der Pilgerreise aufgeben. Was kann ich seinem Guru sagen, wenn er auftaucht und nach seinem Schüler fragt?«

Von da an verhielt sich Bhagavan ihm gegenüber wieder völlig normal.

Nachdem Kunju Swami mir diese Geschichte erzählt hatte, meinte er: »Amma, nach diesem Vorfall habe ich einige Pilgerstätten besucht, aber ich konnte keinen Geistesfrieden finden, bis ich wieder zurück war. Das ist Bhagavans Gnade.«

Buchausleihe

Als ich noch nicht lange im Ashram war, hatte ich mir mit Genehmigung Bhagavans das ›Arunachala Mahatmyam‹ in Telugu aus der Bibliothek entliehen. Als ich es ausgelesen hatte, band ich es frisch ein und schrieb in Schönschrift ›Arunachala Mahatyam‹ darauf. Dann gab ich es Bhagavan zurück. Er drehte es nach allen Seiten um und war offensichtlich amüsiert. Ich wusste nicht warum.

Als Rajagopala Iyer hereinkam, sagte Bhagavan: »Sieh mal, Nagamma hat das Buch zurückgebracht, das sie sich ausgeliehen hat. Normalerweise verwenden Frauen die ausgeliehenen Bücher, um damit Töpfe mit Lebensmitteln abzudecken. Die Bucheinbände werden schmutzig, und man kann darauf die Ränder der Töpfe sehen. Nicht so bei Nagamma. Sie hat es neu eingebunden und es in besserem Zustand zurückgebracht, als sie es entliehen hat. Sie hat sogar den Buchtitel darauf geschrieben. Sieh her.«

Da Rajagopala Iyer kein Telugu verstand, fragte er, was genau darauf geschrieben stand. »›Arunachala Mahatyam‹. Sie ist eine Dichterin. Sie gibt dem Buch einen völlig neuen Titel. ›Mahatyam‹!« Er lachte.

Ich konnte nicht verstehen, was daran falsch sein sollte und fragte ihn. Da lachte er wiederum und sagte: »›Mahatmyam‹, nicht ›Mahatyam‹. Sieh, was du geschrieben hast.« Er zeigte es mir und korrigierte den Fehler selbst. Ich dachte bei mir: »Oh Herr, wie viele Fehler machen wir in unserem Leben! Deine Gnade komme uns immer wieder zu Hilfe und rette uns!«

Keine Verehrung

1943 kam ein Brief von den Devotees in Nellore. Sie wollten zu Bhagavans Geburtstag eine *Puja* vor seinem Bild feiern und baten um die dafür passenden Mantren. Bhagavan gab den Brief an Jagadeeswara Sastri weiter. Sastri war glücklich, es zu übernehmen.

Als er die *Puja*-Mantren und ein Gedicht der 1000 Namen Ramanas aufgeschrieben hatte, kam er zu Bhagavan und erbat seine Genehmigung, die erste *Puja* vor ihm persönlich in der Halle vorzunehmen. Bhagavan sagte lächelnd:»Ach, das also ist dein Wunsch! Ich soll hier sitzen, und du vollziehst die *Puja* vor mir?«»Nein, Bhagavan, nicht vor dir, sondern vor deinen Lotusfüßen«, erwiderte Sastri. Da zog Bhagavan schnell seine Füße zurück und sagte:»Genug mit diesem Unsinn! Geh heim und feire deine *Puja* vor einem Bild. Verehrung der Füße und des Kopfes des Gurus – wozu das alles?« Sastri konnte nichts darauf erwidern und machte es so, wie Bhagavan es vorgeschlagen hatte.

Wir spürten, dass es eine gute Lektion für alle sogenannten heiligen Männer war, die sich von ihren Schülern verehren lassen und dabei vergessen, dass sie ebenfalls sterblich sind.

Ärger und Groll

1944 oder 1945 kam eine Devotee aus Andhra Pradesh zum Ashram und blieb für einige Zeit. Sie hatte eine besondere Art der Verehrung. Sie betrachtete Bhagavan als den Herrn *Krishna* und sich selbst als eine der Hirtinnen. Sie hielt sich damit nicht zurück und schrieb Bhagavan sogar entsprechende Briefe. Bhagavan kümmerte sich nicht darum, gab mir aber ihre Briefe zu lesen. Ich konnte mich nicht beherrschen und tadelte die Frau. Da brauste sie auf und schrieb alle möglichen hässlichen Dinge über mich. Bhagavan meinte lachend:»Lies, was sie geschrieben hat. Alles ist nur über dich.« Ich ärgerte mich sehr und bat Bhagavan, mir ihre Briefe nicht mehr zu geben.

Einige Tage später zerriss die Frau ihre Kleider und lief schreiend auf der Straße herum. Als Bhagavan davon erfuhr, meinte er:»Jemand muss sich ihrer annehmen.« Ich sprach mit einigen Devotees aus Andhra Pradesh. Wir schickten ihrem Mann ein Telegramm und engagierten jemand, der sich bis zu seiner Ankunft um sie kümmerte. Nach einigen Tagen kam ihr Mann und nahm sie mit.

Wenig später erhielten vier oder fünf von uns einen Brief, dass sie uns wegen Verleumdung anklagen würde, weil wir sie als Verrückte abgestempelt hätten. Dann kam sie mit ihrem Anwalt zum Ashram. Bhagavan erklärte ihm alles. Da entschuldigte er sich bei uns, machte ihr Vorwürfe und ging. Als sie spürte, dass sie nichts mehr erreichen konnte, ging auch sie nach Andhra Pradesh zurück.

Im November 1949 erhielt ich einen Brief von ihr. Sie schrieb:»Ich habe davon gehört, dass Bhagavan krank ist. Bitte lass mich wissen, wie es ihm geht. Ich habe früher verleumderische Briefe an dich geschrieben. Es tut mir leid. Du bist wirklich Bhagavans Kind. Bitte verzeih mir und schreibe mir bald.«
   Ich erzählte Bhagavan von dem Brief. Er sagte lediglich:»Tatsächlich?« Er sprach drei Tage lang nicht mit mir. Wenn ich mich vor ihm verneigte, schenkte er mir keinen gütigen Blick wie sonst, sondern wandte sich ab. Es

kam mir in den Sinn, dass der Grund dafür vielleicht in der Unreinheit meiner Gesinnung lag, da ich immer noch einen Groll gegen die Frau hegte und ihr nicht geantwortet hatte. Ich kaufte sofort eine Postkarte und schrieb ihr. Anschließend ging ich zu Bhagavan. Ich erzählte ihm, dass ich der Frau soeben geantwortet hatte, und er sagte zufrieden:»Ja, ja.« Dann rief er einige Helfer herbei und sagte:»Diese telugische Frau hat sich für ihre Verleumdung entschuldigt und nach meiner Gesundheit gefragt. Nagamma hat ihr geantwortet.« Er wandte sich mir zu und sah mich gütig an. Ich war sehr glücklich und zufrieden. So ist es, wenn man zu Füßen des Gurus lebt – alle Unreinheiten des Geistes werden beseitigt.

Postmeister Rajayya

Jene, die in der Küche arbeiteten, servierten Bhagavan gerne etwas mehr als den anderen. Er bemerkt diese ungleiche Behandlung und versucht, sie davon abzubringen. Der Postmeister Rajayya machte es ebenso. Bhagavan sah ihn missbilligend an, sagte aber nichts, und so machte Rajayya es immer wieder.

Eines Abends wurde Milchpudding zubereitet. Chinnaswami fand, er sei besonders gut und stachelte Rajayya an, Bhagavan davon etwas mehr als üblich zu servieren. Da rief Bhagavan empört:»Da, wieder derselbe Unsinn, dieselben Tricks! Warum schöpfst du mir mehr als den anderen? Wenn Bhagavan bedient wird, ist der Schöpflöffel immer übervoll, während er nur halbvoll ist, wenn die anderen bedient werden. Wie oft habe ich euch gesagt, das bleiben zu lassen! Keiner hört mir zu. Derjenige, der den Schöpflöffel in der Hand hält, denkt, er habe die Macht eines Steuereintreibers und könne alles tun. Er ist derjenige, der bedient, und wir sind diejenigen, die essen, was er uns auftischt.«

Prasadam aus Bhagavans Händen

Einmal kam ich am späten Nachmittag in den Ashram. Die Devotees aßen Kokosnüsse, und auch Bhagavan aß. Als er mich kommen sah, sagte er: »Da ist Nagamma. Gebt ihr auch etwas davon.« Doch es war nichts mehr übrig.

Wenn jemand am Nachmittag etwas zu essen brachte und nichts mehr übrig war, wenn ich kam, bot Bhagavan mir stets etwas von dem an, was er gerade in der Hand hatte. Aber da es gewöhnlich nur sehr wenig war, lehnte ich immer ab und ging in die Küche, um mir dort etwas zu holen. Ich wollte es auch diesmal so halten. Bhagavan rief mich herbei und sagte: »Du bekommst in der Küche nichts mehr davon. Komm her! Es schmeckt sehr gut.« Da gab er mir alles, was er in der Hand hatte. Als ich dagegen protestieren wollte, sagte er: »Das macht nichts. Ich habe bereits genug gegessen. Dein Anteil ist nur der Rest.« Da nahm ich es als ein besonderes *Prasadam* entgegen. Meine Freude war unbeschreiblich.

Als Bhagavan noch auf dem Berg lebte und in der Anfangszeit des Ashrams arbeitete er in der Küche mit. Devotees erhielten *Prasadam* aus seinen Händen. Aber seit ich hier war, ist so etwas nicht mehr geschehen. Deshalb dachten alle, es sei ein besonderer Gunsterweis.

Sannyasa für Frauen

1946 oder 1947 kam das Oberhaupt des Kamakoti *Peetam*[16] zum Arunachala und wohnte in der Pilgerherberge der Stadt. Es wurden öffentliche Lesungen im Arunachala-Tempel und an anderen Orten vorbereitet.

Eines Tages kam der bekannte Sanskrit-Gelehrte Kalluri Veerabhada Sastri zu Bhagavan. Ich kannte ihn gut, da er in Madras Vorträge über die Bhagavad Gita gehalten hatte. Er fragte mich, ob ich den *Darshan* von Kamakoti Swami gehabt habe. Da ich kein Interesse daran hatte, meinte ich ausweichend:»So viel ich weiß trifft der Swami keine Brahmanen-Witwen, die ihre Haare nicht abgeschnitten haben.« Er meinte:»Ja, aber du könntest ihn bei einem öffentlichen Treffen von Weitem sehen.« Ich erwiderte:»Es ist fürs *Sadhana* hilfreich, wenn man mit einem Gelehrten sprechen kann, aber was hat man davon, ihn nur aus der Ferne zu sehen?« Er stimmte mir zu.

Eines Morgens war der Swami zum *Giri-Pradakshina* aufgebrochen und würde auch beim Ashram vorbeikommen. Die Devotees spekulierten darüber, ob er hereinkommen würde oder nicht. Ich wollte mich nicht daran beteiligen und setzte mich zu Bhagavan in die Halle.

Um 9 Uhr hieß es, dass der Swami auf dem Weg zum Ashram sei. Alle gingen hinaus und warteten am Ashramtor auf ihn, nur Bhagavan und ich nicht. Bhagavan fragte mich, warum ich mich ihnen nicht angeschlossen hätte. Ich antwortete, dass der Swami keine Brahmanenwitwen mit Haaren auf dem Kopf sehen würde, und ich wollte ihn und

---

16 Oberhaupt des Klosters in der Nachfolge von Adi *Shankara*

die anderen in keine peinliche Lage bringen. Bhagavan nickte und sah mich mitleidsvoll an.

Wenig später kam der Swami mit seinem Gefolge, blieb beim Ashramtor stehen, sah sich um und ging weiter. Die Ashrambewohner kamen zurück und berichteten davon.

Bei einem öffentlichen Vortrag am Abend sprach der Swami ausführlich über die Oberhäupter von religiösen Vereinigungen. Jeder müsse sich an die entsprechende Tradition halten, während ein *Avadhuta* diesen Beschränkungen nicht unterworfen sei. Doch es sei sehr schwer, diesen Zustand zu erlangen und nur für so eine große Seele wie Ramana Maharshi möglich.

Raju Sastri und andere Gelehrte kamen täglich aus der Stadt, um das *Veda-Parayana* und die *Puja* im Tempel der Mutter auszuführen. Einige Tage später kamen sie etwas früher als sonst und erzählten Bhagavan, dass der Swami ihnen verboten habe, die *Puja* im Tempel der Mutter zu feiern, da für Frauen kein *Sannyasa* erlaubt sei und die Errichtung eines *Lingam* über der Ruhestätte der Mutter den heiligen Schriften widerspräche. Es sollte deshalb in diesem Tempel keine *Puja* stattfinden.

Bhagavan erwiderte: »Ich habe in der Ramana Gita auf diese Frage eine Antwort gegeben. Es gibt für Frauen kein Verbot für *Sannyasa* und *Samadhi*. Was können wir sonst noch sagen?« Sie fragten ihn, welche Antwort sie dem Swami überbringen sollten. Bhagavan erwiderte: »Warum kümmert ihr euch um solche Auseinandersetzungen? Solange er das Oberhaupt dieses *Peetam* ist, muss er die Regeln dieses *Peetam* befolgen. Also hat er sein Verbot ausgesprochen, wie es in solchen Fällen üblich ist. Es ist besser, wir tun schweigend unsere Arbeit. Wer von euch kommen

will, kann kommen. Die anderen können wegleiben. Warum soll man alle Arten von Zweifel hegen?«
Die Worte Bhagavans überzeugte sie.

In der Ramana Gita XIII,9 heißt es:»Was *Mukti und Jnana* betrifft, gibt es keinen Unterschied zwischen Mann und Frau. Der Körper einer Frau, die während ihres Lebens befreit worden ist, soll nicht verbrannt werden, denn er ist ein Tempel.«

Bhagavans Tumor

Anfang 1949 war an Bhagavans Ellbogen ein kleiner Tumor aufgetaucht und wuchs während eines Monats zur Größe einer Murmel. Der Ashramarzt Sankar Rao, ein angesehener Chirurg im Ruhestand, war der Ansicht, dass eine Operation nötig sei. Der Vorschlag wurde Bhagavan unterbreitet. Er aber meinte:»Es ist nicht schmerzhaft. Lasst es wie es ist. Wozu soll man sich daran zu schaffen machen?«

Da der Tumor täglich wuchs, sagte der Arzt besorgt zu Bhagavan:»Er wird täglich größer. Er muss operativ entfernt werden. Das Problem wird gelöst sein, wenn man den Tumor sofort entfernt.«»Ach, tatsächlich?«, meinte Bhagavan und schwieg.

Der *Sarvadhikari* war seit drei Wochen in Madras. Die Ärzte warteten auf seine Rückkehr und führten die Operation am 9. Februar aus, nachdem sie seine Einwilligung eingeholt hatten.

Subbalakshmamma kam während der Operation zu mir und sagte weinend, dass die Ärzte ein Stück von Bhagavans Körper mit einem Messer herausschneiden würden und ich kommen solle. Tief beunruhigt fragte ich sie, wie es dazu gekommen sei, und sie erzählte mir die ganze Geschichte.

Bhagavan kam schon bald aus dem Zimmer. Sein verbundener Arm war mit einem Handtuch bedeckt. Er setzte sich auf das steinerne Sofa in der Jubiläums-Halle. Er sah müde aus. Mich schmerzte das, aber ich wusste nicht, was ich sagen sollte und setzte mich einfach hin.

Nach einer Weile wurde der Verband rot, da die Wunde blutete. Bhagavan war sehr darauf bedacht, dass keiner den Verband zu Gesicht bekam, aber er hatte nichts, um sich zu bedecken, nur ein kleines Handtuch. Er versuchte die Wunde zu verbergen, indem er es sich um den Hals hängte, aber die Leute konnten die Wunde von der Seite sehen. Wenn er darauf angesprochen wurde, sagte er lächelnd: »Ich trage ein Armband«, »Ein *Lingam* ist aufgetaucht« oder etwas Ähnliches.

Nach einigen Tagen wurde der Verband entfernt. Die Ärzte waren der Meinung, dass die Wunde heilen würde, und wenn sie vernarbte, würde das Geschwür nicht wiederkommen. Doch die Wunde heilte nicht.

Während der Einweihungsfeierlichkeiten des Tempels der Mutter war keiner mehr um den Tumor besorgt. Die meisten Leute dachten, Bhagavan sei gesund. Doch ich war immer noch beunruhigt, da der Tumor nicht richtig abgeheilt war. Ich tröstete mich mit dem Gedanken, dass ich mir zu viele Sorgen über eine Kleinigkeit machte.

Am 17. März waren die Feierlichkeiten zu Ende. Am folgenden Tag beobachteten meine Schwägerin und ich, dass Bhagavan öfter an der Wunde kratzte, und wir fragten uns, was das bedeuten könnte. Wenige Tage später bemerkte ich, dass an der Stelle ein neues Geschwür zu wuchern begonnen hatte. Ich sagte:»Es ist nachgewachsen.«Bhagavan erwiderte unbekümmert:»Ja. Angesehene Ärzte aus Madras wollen kommen. Vielleicht werden sie erneut operieren.«Gequält sagte ich:»Wozu? Warum lassen sie nicht zu, dass Bhagavan selbst einen Behandlungsvorschlag macht.«»Was kann ich machen? Die Ärzte sagen ständig: ›operieren, operieren‹.«»Das haben sie bereits einmal getan, und das Geschwür ist jetzt noch größer als zuvor. Wozu wollen sie also nochmals operieren?«

Bhagavan stimmte mir zu. Unser Gespräch setzte sich wie folgt fort:

Nagamma:»Warum soll man es nicht mit einem Hausmittel versuchen?«

Bhagavan:»Ja, das könnte man tun. Aber alle sagen, man müsse operieren. Was kann ich machen?«

Nagamma:»Ein Kind hatte einmal eine ähnliche Geschwulst. Ein ayurvedischer Arzt hat es mit Feigenbaummilch verbunden, und das Geschwür ist geheilt. Warum kann man nicht das versuchen? Zudem kennt Bhagavan alle Heilmittel. Wenn das nicht hilft, dann kann man immer noch an eine Operation denken.«

Bhagavan:»Feigenbaummilch ist gut. Aber wer wird diesen Rat beherzigen? Du kannst ins Büro gehen und es ihnen sagen. Es wird noch zehn Tage dauern, bis die Ärzte kommen. Bis dahin kann man es damit versuchen.«

Einer der Helfer fragte:»Wird das denn in diesem Fall helfen?«

Bhagavan erwiderte:»Warum nicht? Als ich auf dem Berg lebte, hat meine Mutter viele Menschen von solchen Dingen geheilt.«

Da brachte ein Devotee Pflaster, die ein ayurvedischer Arzt ihm gegeben hatte. Bhagavan sagte in solchen Dingen nie nein, und die Pflaster wurden aufgelegt.

Wir hatten angenommen, dass die Ärzte erst in zehn Tagen kommen würden, aber dann kündigten sie sich für den nächsten Tag an.

Als sie wieder fort waren, ging ich zu Bhagavan, um zu erfahren, welchen Entschluss sie gefasst hatten. Als er mich sah, sagte er: »Die Ärzte haben eine weitere Operation beschlossen. Sie wird nächsten Samstag stattfinden. Was kann ich machen? Sollen die Dinge ihren Lauf nehmen. Ich habe versucht, sie davon abzubringen, aber sie haben nein gesagt. Lass sie machen was sie wollen. Lass es geschehen.«

Was geschehen soll, wird auch geschehen

Ich ging wie üblich um 7.30 Uhr zu Bhagavan. Sambasiva Rao war auch da. Die abgehende Post wurde gebracht. Als Bhagavan sie durchgesehen hatte, fragte einer der Devotees: »Warum wird heute die Post so früh gebracht?«

Bhagavan: »Heute kommen die Ärzte aus Madras, und wir sollten bereit für sie sein. Alles wird vorbereitet.«

Niemand sagte etwas. Fünfzehn Minuten später kamen die Ärzte an, verbeugten sich vor Bhagavan und fragten ehrerbietig: »Sollen wir ins Krankenhaus hinübergehen?« Bhagavan bejahte und schwieg. Als sie vorausgegangen waren, sah mich Bhagavan an und sagte: »Wie du siehst sind die Ärzte gekommen.«

Sambasiva Rao erwiderte: »Wir haben doch die ayurvedische Arznei aus Nellore bekommen.«

Bhagavan: »Ja, aber was soll ich machen? Die Pflaster wurden nur zwei Tage lang aufgelegt. Bewahrt sie auf. Vielleicht können sie noch jemandem nützen. Alles ist für die Operation bereit.«

Bis zuletzt hoffte ich, dass Bhagavan doch noch die Zustimmung verweigern würde, doch dann kam jemand vom Krankenhaus und gab Bescheid, dass alles bereit sei. Bhagavan sagte mit fester Stimme: »Was geschehen soll, wird auch geschehen. Es lässt sich nicht aufhalten. Sollen die Dinge ihren Lauf nehmen.« Damit stand er auf und ging zum Krankenhaus hinüber.

Die Operation wurde ohne Narkose durchgeführt. Wir saßen alle in der Jubiläums-Halle und sahen ängstlich zum Krankenhaus hinüber. Es war fast Mittagszeit, als die Operation vorüber war. Wir sahen, wie Bhagavan vom Krankenhaus in den Speisesaal ging, grüßten ihn von unserem Platz aus und gingen nach Hause. Als die Ärzte zu Mittag gegessen hatten, gingen auch sie.

Beunruhigt kehrte ich früher als sonst zum Ashram zurück. Bhagavan saß wie üblich auf seinem Sofa, aber er sah müde aus. Zu jener Zeit verbrachte Bhagavan Tag und Nacht nur auf seinem Sofa. Er schlief nicht wirklich. Der Tagesablauf ging wie immer weiter. Wenn jemand fragte: »Was ist mit dem Geschwür?«, antwortete er beruhigend: »Es ist nichts mehr an der Stelle. Alles wird gut werden.«

Heilung eines anderen Tumors

Bhagavan hatte einen Cousin namens Ramaswami. Er bemerkte, dass seine Frau Ammalamma auf ihrem Hals ein Geschwür hatte, das so groß wie eine Limone war, und fragte sie, was es sei. Sie sagte, sie wisse es nicht, aber es würde ständig größer. Es würde nicht wehtun, außer man würde darauf drücken. »Ja«, sagte Ramana. »Das Geschwür an meinem Arm war von derselben Art. Wenn es mit den Pflastern und der Arznei behandelt wird, die wir aus Nellore erhalten haben, wird es vielleicht heilen.«

Bhagavan bat einen der Devotees, die Arznei zu bringen. »Es ist eine gute Arznei. Soll wenigstens sie geheilt werden. Für mich nützt sie nichts mehr, weil ich operiert worden bin.«

Da kam ihr Sohn herein. Bhagavan rief ihn zu sich und sagte: »Gib das deiner Mutter. Ich bin operiert worden, und mir nützt sie nichts mehr. Soll sie ihr helfen.«

Die Frau nahm die Arznei als *Prasadam* entgegen. Sie legte die Pflaster zusammen mit grünen Blättern auf und verband das Geschwür mit einer Baumwollbinde, die sie in Milch getunkt hatte. Das Geschwür verschwand tatsächlich.

Wenige Tage später erfuhren wir, dass Bhagavans Geschwür nachgewachsen war. Einer der langjährigen Devotees sagte leise zum Meister: »Das Geschwür ist wiedergekommen, trotz allem, was man dagegen getan hat.« Bhagavan antwortete: »Ja. Am Anfang war es nur so groß wie ein Pickel. Ich habe zu den Leuten gesagt: ›Lasst es in Ruhe‹, aber sie habe nicht auf mich gehört. Sie haben es wegoperiert, aber es hat nichts geholfen. Das Geschwür hat die Herausforderung angenommen und wird immer größer. In einigen Tagen kommt ein Arzt und behandelt es mit Radium. Wir werden sehen, was dann geschieht.«

Als Bhagavan am 27. April spazieren war, kamen die Leute vom Büro in die Jubiläumshalle, riefen alle Devotees zusammen und sagten, dass sie Bhagavan in kein Gespräch verwickeln sollten, da er sehr schwach sei. Jemand musste ihm bei seiner Rückkehr davon erzählt haben, denn er schien empört zu sein, als er hereinkam.

Da das Geschwür immer stärker blutete, kamen am Abend des 30. April die Ärzte aus Madras. Als sie wieder fort waren erfuhr ich, dass Bhagavan eine Bluttransfusion bekommen hatte. Es wurde noch schlimmer. Am 1. Mai sagten ihm die Ärzte, dass es ein krebsartiges Geschwür sei und dass es ratsam sei, den ganzen Arm zu amputieren. Als Bhagavan fragte, ob das Geschwür dann sicher nicht mehr wiederkommen würde, konnten sie es ihm nicht zusichern.

Anschließend versammelten sich mehrere Devotees im Büro und führten eine erhitzte Diskussion. Einige waren für die Amputation, andere, auch mein Bruder, waren dagegen. Als Bhagavan bemerkte, dass es verschiedene Ansichten gab, fragte er alle seine Helfer einzeln nach ihrer Meinung. Keiner von ihnen befürwortete die Amputation.

Ich ging am späten Vormittag zu Bhagavan. Ein Devotee meinte, dass es besser gewesen sei, das Geschwür in Ruhe zu lassen. Bhagavan erwiderte: »Es wächst stark, als ob es sich rächen wollte. Es ist wie wenn man eine Kobra in ihrem Lebensraum aufscheucht. Wird sie nicht zischen?« Eine Devotee versuchte ein letztes Mal, Bhagavan zur Amputation zu bewegen. Der Meister antwortete: »Genug damit! Man braucht gar nichts zu tun. Es wird von selbst heilen« und änderte das Gesprächsthema.

Da kam Muruganar herein und überreichte Bhagavan ein Vers. Er lautete: »Bitte heile dich selbst und rette uns alle.« Ich konnte meinen Kummer nicht mehr zurückhalten und jammerte: »Du hast uns versprochen, dass du dich selbst heilen würdest, wenn das Geschwür zurückkommt. Warum heilst du die Krankheit nicht? Bhagavan weiß doch alles.« Auch Muruganar und alle anderen wurden von Kummer ergriffen, und keiner konnte etwas sagen. Bhagavan sah uns voller Mitleid an und sagte nur: »Oh, oh«.

Ein Jnani hat keine Wünsche

Dr. Anantanarayana Rao massierte jeden Abend Bhagavans Beine. Nach der zweiten Operation fragte ich ihn immer wieder besorgt nach Bhagavans Zustand.

Als ich ihn im Mai 1949 wieder einmal danach fragte, sagte er: »Sein Zustand hat sich leicht verbessert, aber er muss den Wunsch haben, dass das Geschwür abheilt. Als ich ihn gestern Abend massiert habe, hat er etwas gesagt, das mich ziemlich beunruhigt hat. Er sagte, dass ein *Jnani* sich freut, wenn sein körperliches *Karma* zu Ende ist. Er ist wie jemand, der für einen Lohn eine schwere Last auf seinem Kopf trägt und ungeduldig darauf wartet, das Ziel zu erreichen. Sobald er angekommen ist, legt er erleichtert seine Last ab und ruht sich aus. Seine Arbeit ist beendet. Ebenso ist es mit dem *Jnani*. Sobald seine Arbeit getan ist, verlässt er den Körper und geht fort. Oder nimm das Beispiel vom Blatt, auf dem wir essen. Vor dem Essen wird es mit Wasser abgewaschen. Dann werden die verschiedenen Speisen darauf angerichtet. Doch nimmt man nach dem Essen das Blatt in seiner Tasche mit? Nein. Das Blatt hat seinen Zweck erfüllt und wird fortgeworfen. Mit dem Körper des *Jnani* ist es dasselbe. Sobald er seine Arbeit getan hat, verlässt er ihn. Das ist es, was Bhagavan mir gesagt hat.«

Das Geschwür wuchs und blutete immer stärker. Dr. Anantanarayana Rao und Dr. Sankar Rao begleiteten Bhagavan jeden Morgen zum Kuhstall. Dort wurde das Geschwür der Sonne ausgesetzt und neu verbunden. Bhagavan sagte lächelnd: »Seht her, wie schön es aussieht! Er ist wie ein Armband. Seht bloß, wie rot es ist! Es glänzt, wenn die Sonnenstrahlen darauf fallen.«

Eines Tages sahen Devotees den Tumor, als er verbunden wurde, und sagten:»Er sieht furchtbar aus! Warum heilt Bhagavan sich nicht selbst?« Nachdem Bhagavan ihnen eine Weile lang geduldig zugehört hatte, erwiderte er:»Was für eine Bitte! Wenn ihr alle zu mir sagt, dass ich einen Körper mit Armen habe und dass auf einem der Arme ein Tumor ist, höre ich euch zu und spüre, dass ich das bekommen habe, was ihr sagt. Andernfalls spüre ich nichts. So wie ihr alle gekommen seid, ist auch das Geschwür gekommen. Ich sehe keinen Unterschied. Wozu sollte ich wünschen, das Geschwür zu heilen?«

Einer der langjährigen Devotees antwortete:»Wegen uns.« Bhagavan lächelte darüber und meinte:»Alles ist in Ordnung. So wie ihr gekommen seid, ist auch das Geschwür gekommen, ist meinen Arm hinaufgekrochen und hat sich hier gemütlich niedergelassen. Ihr alle dient ihm mit Respekt, ihr erweist ihm die Ehre. Wie ich euch schon gesagt habe, es ist ein Juwel. Wer ist nicht von seinem Glanz fasziniert?«

Tanzendes Darshan

Bhagavan war damit einverstanden, dass Vallivayan Tata (Tata bedeutet Großvater) ihn mit Heilkräutern behandelte. Tata war kaum älter als Bhagavan. Er hatte Bhagavan 1943 schon einmal behandelt, als er ausgerutscht war und sich etwas am Oberarm gebrochen hatte. Drei Tage später war es verheilt. Als er jetzt den Tumor sah, konnte er sich nicht mehr beherrschen und rief mit stockender Stimme:»Oh, Bhagavan, wie schrecklich! Das ist ein Krebsgeschwür und hätte niemals operiert werden dürfen. Wenn ich nur davon gewusst hätte, hätte ich es mit heilsamen Blättern und Kräutern verbunden, und es wäre ohne Probleme abgeheilt. Hättest du nur nach mir geschickt!«

Tata legte seine Verbände an. Bhagavan schlug verschiedene Blätter vor, die besser wirken würden. Wir alle hofften, dass Bhagavan sich doch noch selbst heilen würde, wie er es einst mit seiner Gelbsucht getan hatte.

Am 10. Juli hatte die Blutung aufgehört, und alle waren glücklich. Aber vier Tage später, als Bhagavan von seinem Abendspaziergang zurückkam, hatte er Schüttelfrost. Er erreichte gerade noch sein Sofa. Wir waren alle sehr besorgt. Shantamma, eine der älteren Devotees, brach in Tränen aus und jammerte: »Ach, dein Körper ...« Doch bevor sie noch ihren Satz beenden konnte unterbrach Bhagavan sie: »Oho! Der Körper? Was ist mit ihm? Was ist schon geschehen? Er zittert, na und? Was du willst ist, dass dieser Körper lebt. Leben ist in ihm. Bist du nun zufrieden?« Er unterdrückte das Zittern, sah alle an, die in seiner Nähe saßen und sagte: »Das ist *Natarajas* Tanz. Täglich erhaltet ihr von diesem Körper bewegungsloses *Darshan*, heute ist es eben tanzendes *Darshan*. Warum solltet ihr euch deshalb Sorgen machen?« Dann schwieg er.

Einschränkungen

Tata verwendete keine Blätter mehr. Der Schüttelfrost hatte aufgehört, aber das Fieber blieb. Für Bhagavan war es zunehmend schwieriger, die höheren Stufen zum östlichen Eingang der Neuen Halle hinaufzusteigen, aber er wollte keine Änderung, da die Neue Halle erst vor kurzem mit großem Aufwand und hohen Kosten erbaut worden war. Man schlug ihm vor, den nördlichen Eingang zu benutzen, aber er war nicht damit einverstanden, da dort die

Frauen saßen, und er sie aufscheuchen würde. Die Helfer hatten Bhagavan beschworen, in dem kleinen Raum östlich der Neuen Halle zu bleiben, der ein eigenes Badezimmer hatte. Die Nächte verbrachte er bereits dort. Jetzt willigte er ein, auch am Nachmittag dort zu bleiben, und saß nur noch während der *Darshan*-Zeit in der Neuen Halle.

Bhagavan war auch zu schwach, um die Stufen zum Speisesaal zu bewältigen. Da es keine andere Möglichkeit gab, baten die Ärzte und Devotees ihn, künftig in der Neuen Halle zu essen. Zuerst antwortete Bhagavan:»Wie kann ich ohne die Devotees essen? Sie kommen meinetwegen.« Als man ihn weiter bedrängte, sagte er:»Wenn ich jetzt damit aufhöre, in den Speisesaal zu gehen, werde ich meinen Fuß nicht mehr hineinsetzten.« Man brachte ihm künftig das Essen in die Neue Halle.

Jahrestag der Kuh Lakshmi

Der erste Jahrestag des Todes der Kuh Lakshmi fiel auf den 18. Juli 1949. Im Juni ging ich nach Vijayawada, wollte aber wieder rechtzeitig für die Feierlichkeiten zurück sein. Zwar hatte ich dem Ashram den zweiten Teil der Briefe übergeben, aber mein Bruder hatte das Original. Auf die eindringliche Bitte von Devotees waren inzwischen die Teile III-V entstanden. Die Verantwortlichen im Ashram hatten es abgelehnt, den zweiten Teil zu veröffentlichen, obwohl Devotees die Kosten übernehmen wollten. Deshalb war an die Veröffentlichung der späteren Teile auch nicht zu denken. Da ich bereits vor meiner Zeit im Ashram mehrere Bücher geschrieben hatte, wie das Satakam und ›Balakrishna Gitavali‹, dachte ich, ich könnte sie in Vijayawada drucken lassen.

Ramana mit Lakshmi

Ich war etwa 20 Tage fort und mit den Korrekturen beschäftigt. Darüber vergaß ich Lakshmis Jahrestag. Von Bhagavans Tumor wurde mir berichtet, dass die Behandlung mit Radium die Blutung zum Stillstand gebracht hatte und die Wunde verheilte. Deshalb sah ich keinen unmittelbaren Grund für eine eilige Rückkehr.

Zehn Tage nach meiner Abreise war meine Schwägerin mit ihrem Koch zum Ashram gefahren und wohnte in meinem Haus. Als sie erfuhr, dass Bhagavans Wunde erneut zu bluten begonnen hatte, schrieb sie mir: »Bhagavan fragt mich täglich nach dir. Es ist nicht recht, dass du länger fort bleibst. Die Leute berichten, dass der Tumor auf Bhagavans Ellbogen wieder blutet. Bitte komm sofort zurück.«

Ich nahm den ersten Zug nach Tiruvannamalai und kam am nächsten Morgen im Ashram an. Meine Schwägerin erinnerte mich daran, dass es der Jahrestag von Lakshmi sei. Bhagavan habe mehrmals gesagt:»Nagamma wird nicht wegbleiben. Warum ist sie noch nicht da?« Bhagavan hätte auch liebevoll erzählt, wie Lakshmi ihren letzten Atemzug in meinen Armen getan und dass ich ihre Geschichte aufgeschrieben hatte.[17]

Meine Schwägerin begleitete mich zum Ashram. Als Bhagavan uns sah, sagte er:»Oh, Nagamma ist da! Ich wusste, dass sie noch rechtzeitig kommen würde. Das ist sehr gut. Deine Schwägerin hat heute Lakshmis Geschichte vorgelesen.« Ich legte das Obst und die Blumen an Lakshmis Grab nieder. Dann gingen wir wieder nach Hause.

Auf dem Weg trafen wir Viswanatha Brahmachari. Er sagte:»Da bist du ja. Bhagavan hat wiederholt gesagt, dass Nagamma nicht fortbleiben würde. Wie viel Zuneigung er für dich hegt. Die Liebe der Eltern wird erst dann sichtbar, wenn die Kinder weg sind.« Ich schämte mich, dass ich so lange fort geblieben war, nur um ein Buch drucken zu lassen, während Bhagavan so gut zu mir war. Ich war zurückgekommen, weil der Meister krank war, aber Bhagavan hatte mich zurückgezogen, weil es Lakshmis Jahrestag war. Wie könnte man seinem Einfluss widerstehen!

Wohin kann Bhagavan gehen?

Am 23. Juli hatte Bhagavan einen Brief von einem Devotee in Madurai erhalten. Er sagte zu mir:»Dieser Devotee

---

[17] Nagamma: Briefe, Brief vom 20. Juli 1948

fragt, wozu so viele Behandlungsmethoden für Bhagavan nütze sein sollen und ob es nicht besser sei, wenn einer der Devotees seine Krankheit übernehmen würde.«

Von Kummer überwältigt antwortete ich:»Ja, das stimmt. Warum verteilst du dein Leiden nicht auf alle von uns, anstatt es selber zu tragen? Wenn man dir etwas zu essen bringt, verteilst du es. Warum willst du deine Krankheit nicht ebenso verteilen? Ich bitte dich, gib sie mir.«

Ich brach in Tränen aus und konnte nicht mehr weitersprechen. Bhagavan sah mich mitleidsvoll an, nickte und schwieg. Alle anwesenden Devotees weinten.

Am Nachmittag des 25. Juli kam Dr. Guruswami Mudaliar, ein hochqualifizierter Homöopath. Er erzählte, er habe von dem Tumor gehört und sei gekommen, um ihn sich anzusehen. Bhagavan war damit einverstanden, meinte jedoch:»Die Höflichkeit verlangt es, dass derjenige, der den Verband angelegt hat, ihn auch wieder abnimmt. Bitte schickt nach Tata.« Als Tata den Verband abgenommen hatte, meinte Dr. Guruswami, dass das Geschwür nie hätte operiert werden dürfen und dass es für eine Behandlung mit Heilkräutern zu spät sei. Der Tumor sollte täglich gereinigt und mit einem sterilen Verband neu verbunden werden.

Das Geschwür blutete so stark, dass man es morgens und abends frisch verbinden musste. Einige Devotees weinten und sagten:»Wir fürchten, dass Bhagavan bald nicht mehr unter uns sein wird.« Bhagavan lachte und erwiderte:»Ach, das glaubt ihr also! Doch wohin wird Bhagavan gehen? Wohin kann ich gehen?«

Am 31. Juli diskutierte Dr. Guruswami Mudaliar mit zehn Ärzten, wie man weiter vorgehen sollte. Es wurde beschlossen, dass eine Operation mit Hilfe von elektrischen Geräten vorgenommen werden sollte, um den Blutverlust gering zu halten. Sie überbrachten Bhagavan den Vorschlag, und mit seiner Einwilligung wurde der 7. August festgelegt. Dr. Ranghavachari sollte die Operation vornehmen, und die anderen Ärzte sollten ihm assistieren.

Am folgenden Tag wurde angeordnet, dass die Devotees während des *Veda-Parayana* nicht mehr in der Halle sitzen und nur ein kurzes *Darshan* haben konnten, da Bhagavan Ruhe benötigte. Ich war darüber sehr aufgebracht. Es sah so aus, als ob die Devotees zunehmend von Bhagavan ferngehalten würden.

Am 5. August wurde das Morvi-Gästehaus geputzt, da die Ärzte am folgenden Tag kommen sollten. Ein Röntgengerät und andere elektrische Geräte wurden vom Royapattah-Krankenhaus in Madras in einem Lastwagen hergebracht. Alles andere brachten die Ärzte in ihren Autos mit. Mit Dr. Raghavachari kamen insgesamt 30 Ärzte, die die Gelegenheit nicht verpassen wollten, Bhagavan zu Diensten zu sein. Das Krankenhaus hatte seine Ausrüstung kostenlos zur Verfügung gestellt. Die Transportkosten wurden von einem Devotee übernommen. Das Ashram-Krankenhaus wurde gereinigt, die Geräte sterilisiert und alles hergerichtet. Man machte Röntgenaufnahmen, und es hieß, dass der Krebs noch nicht gestreut habe und man am nächsten Tag operieren könne.

Unter den vielen Devotees, die gekommen waren, war auch der Elektroingenieur Narayana Rao. Da im vergangenen April während einer Operation die Elektrizität ausgefallen war, hatte man mit Hilfe von Laternen weiteroperieren müssen. Narayana Rao erinnerte sich daran und fragte nach, ob Vorkehrungen für eine ununterbrochene Stromversorgung getroffen worden seien. Da das nicht der Fall war, sorgte er dafür.

Ich hielt es Zuhause nicht alleine aus und kam bald zum Ashram zurück. Die Verantwortlichen im Ashram hatten angeordnet, dass Bhagavan Ruhe brauchte und keiner ihn sehen dürfte. Deshalb fand das abendliche *Veda-Parayana* im Tempel der Mutter statt.

Madhavi Amma und ich wanderten ziellos umher und gingen dann in den Tempel. Wir drückten uns in eine Ecke am Haupteingang, von wo aus wir Bhagavan sehen konnten. Als er uns sah, bat er seine Helfer, uns zu sagen, dass die ursprüngliche Anweisung gelockert worden sei und wir hereinkommen durften. Außer seinen Gehilfen war niemand bei Bhagavan in der Halle. Wir gingen hinein und verneigten uns vor ihm. Madhavi Amma sagte: »Oh Bhagavan, morgen sollte alles wieder gut sein. Es wird ein wundervoller Sonnenaufgang und ein herrliches *Darshan* geben.«

Ich konnte nichts sagen. Bhagavan sah mich gütig an und meinte: »Morgen wird dein Bruder kommen und Dr. Guruswami mitbringen.«

Ich sagte kleinlaut: »Bhagavan muss unsere Gebete erhören.« Bhagavan lächelte und nickte zuversichtlich. »Es gibt nichts zu befürchten.«

Da waren wir sehr glücklich und gewannen neuen Mut.

Operation und Unabhängigkeitstag

Ich fand die ganze Nacht keinen Schlaf. Am nächsten Morgen ging ich bereits um 6 Uhr zum Ashram. Ich sah Bhagavan, als er zum Kuhstall hinüberging. Auf dem Rückweg ging er direkt zum Krankenhaus. Alle Devotees saßen in der Jubiläumshalle. Um 9 Uhr kam Dr. Guruswami mit meinem Bruder. Sie gingen direkt ins Krankenhaus und trafen sich dort mit den anderen Ärzten. Nach eineinhalb Stunden kam Dr. Guruswami mit dem *Sarvadhikari* in die Halle und benachrichtigte uns, dass die Operation vorüber sei und man sich keine Sorgen machen müsse. Bhagavan würde am Abend *Darshan* geben. Bhagavan saß von 5 bis 6 Uhr abends zum *Darshan* in einem Lehnstuhl auf der Veranda des Krankenhauses.

Am nächsten Morgen gab er von 9 bis 10 Uhr *Darshan*. Die Ärzte sagten, Bhagavan solle im Krankenhaus bleiben, aber sobald sie fort waren, ging er in die Neue Halle hinüber, da er den Devotees und den Patienten keine Unannehmlichkeiten bereiten wollte.

Am nächsten Tag war der indische Unabhängigkeitstag. Die Türen der Neuen Halle waren offen, und Devotees konnten zur östlichen Tür herein und zur südlichen hinaus. Bhagavan lehnte auf einem Kissen. Sein Gesicht strahlte wie die aufgehende Sonne. Krishnaswami sagte, dass Devotees nur *Darshan* haben könnten, aber nicht in der Halle bleiben dürften. Also ging ich wieder. Am Nachmittag war es dasselbe.

Der Elektroofen

Im Oktober musste ich zu meinem Bruder nach Madras und kam am 8. November zurück. Ich bemerkte, wie sehr der Meister abgebaut hatte. Am nächsten Morgen war sein Körper ganz rot und voller Blasen. Es standen zwei Elektroöfen in seiner Nähe. Ich vermutete, dass sein Hautausschlag davon kam. Der Elektroingenieur Narayana Rao kam zu Bhagavans *Darshan,* und ich fragte ihn nach seiner

Meinung. Er war derselben Ansicht und gab im Büro Bescheid. Daraufhin wurden die Heizöfen entfernt und der alte Kohlenofen wieder aufgestellt.

Sri Ramana mit seinem Kohlenofen

Alle erfuhren davon. Einer der langjährigen Devotees fragte Bhagavan, warum er sich nicht beschweren würde, wenn der Elektroofen ihm Probleme machte. Bhagavan erwiderte: »Ich habe mir darüber keine Gedanken gemacht. Den alten Kohlenofen muss man mit Kohlen füllen und Luft zufächeln. Die Asche verteilt sich in der ganzen Halle. Um die Elektroöfen muss man sich nicht kümmern, und sie machen keinen Dreck. Deshalb hat man sie aufgestellt. Warum sollte ich dagegen Einwände haben?«

»Aber sie haben deine Haut versengt.«

»Mag sein. Aber werden die Leute nicht beleidigt sein, wenn ich mich gegen etwas beschwere, von dem sie glauben, dass es gut für Bhagavan ist? Zudem wird diese neue

Halle von der Asche verdreckt. Deshalb habe ich nichts gesagt. Jetzt, da Narayana Rao Einwände erhoben hat, habe ich meinen alten Kohlenofen zurückbekommen.«

Etwas Ähnliches war bereits vor drei Jahren geschehen. Ein Devotee und Rajagopala Iyer dachten darüber nach, was sie für Bhagavans Muskelschmerzen tun könnten. Da sie fürchteten, der Meister würde mit einer teuren Arznei nicht einverstanden sein, kauften sie stattdessen teure Wirkstoffe und bereiteten daraus eine Salbe zu. Bhagavan wusste nichts davon. Nachdem die Salbe einige Tage aufgetragen worden war, rötete sich die Haut und wurde rissig. Bhagavan beschwerte sich nicht. Als die Helfer auf die Schrunden hinwiesen, sagte er lediglich:»Das bedeutet, dass alles, was innen ist, herauskommt. Lasst es herauskommen.«

Ein anderer Devotee brachte einen Elektroofen. Da es die kalte Jahreszeit war, wurde der Ofen angestellt. Die Salbe und das Gebläse ließen die Haut an den Beinen noch mehr aufreißen. Alle sahen es. Schließlich meinte jemand, dass die Schrunden entweder von der Salbe oder von der Heizungsluft herrühren würden und dass man mit beidem sofort aufhören sollte. Bhagavan meinte:»Die Salbe ist aus teuren Wirkstoffen hergestellt worden, um die Muskelschmerzen schnell zum Abklingen zu bringen. Das ist das Ergebnis. Sie dachten, dass der Kohlenofen nicht mehr gut ist, und brachten einen teuren modernen Elektroofen. Haben sie mich zuvor gefragt? Sie haben sich davor gefürchtet, dass ich nein sagen würde. Es ist alles mit bester Absicht geschehen, nämlich Bhagavans Körper etwas Gutes zu tun. Mag es so sein. Wenn ich diese Dinge ablehne, werden sie dann nicht gekränkt sein, da sie sich so viel Mühe gegeben haben, Bhagavan zu dienen? Warum sollte ich sie kränken?« Der Devotee erwiderte: »Muss man auf diese Gefühle Rücksicht nehmen, wenn dein ganzer Körper voller Blasen ist?«

Bhagavan: »Aber sie haben es sich viel kosten lassen. Ist das nicht eine Verschwendung?«

Devotee: »Jemand anderer wird die Dinge gebrauchen können.«

Bhagavan: »Wie das? Wenn etwas nicht für mich taugt, warum sollten andere es nehmen und leiden?«

Der Devotee bestand darauf, dass die Behandlung mit der Salbe beendet wurde. Bhagavan schlug vor, *Myrobalams* zu zerreiben, einige Zeit in Öl einzuweichen und sie dann aufzulegen. Als man es so machte, verschwanden die Blasen auf der Stelle.

Ich hoffte, Bhagavan würde auch diesmal einen Vorschlag machen, aber wenn man ihn darum bat, sagte er nur: »Es sind bekannte Ärzte da. Lasst sie machen.«

Es gibt noch keinen Anlass zur Sorge

Ab dem 1. November fand das *Veda-Parayana* wieder in Bhagavans Gegenwart statt. Alle konnten ihm beiwohnen, mussten aber sofort danach wieder die Halle verlassen. Wir hofften, dass bald wieder alles so wie früher sein würde. Doch bald hieß es, dass das Geschwür nicht richtig heilte. Während des *Veda-Parayana* bemerkte ich eine Beule. Als alle gegangen waren verneigte ich mich und stand auf. Außer den Helfern war niemand mehr da. Ich sah Bhagavan flehend an und sagte: »Das Geschwür ist wieder aufgetaucht, nur diesmal weiter oben.« Da entfernte Bhagavan den Verband und zeigte es mir. »Da ist es. Es wächst wieder.« Er sah mich gütig an, wie ein Vater sein Kind. Meine

Augen füllten sich mit Tränen. Ich war sehr traurig. Bhagavan versuchte mich abzulenken und sprach über andere Dinge.

Am 12. November kamen Dr. Raghavachari und andere Ärzte aus Madras, untersuchten das Geschwür und beschlossen, dass am 19. nochmals operiert werden sollte. Am 16. November kam der Amtsarzt von Vellore und stimmte zu, dass eine weitere Operation nötig war. Der Tumor war jetzt höher am Arm, und der Krebs hatte vermutlich gestreut.

Ich ging am Tag vor der Operation zu Bhagavan und sagte bange: »Jeder macht sich Sorgen, ob Bhagavan diese Operation überstehen wird. Ich fürchte mich vor den Konsequenzen.« Bhagavan antwortete ruhig: »Fürchte dich nicht. Es wird nichts Schlimmes passieren.«

In dem kleinen Zimmer

Am 18. November kam mein Bruder. Wir gingen am nächsten Morgen um 5.30 Uhr zum Ashram, da wir wussten, dass Bhagavan um diese Zeit ins Krankenhaus gehen würde. Um 8.30 Uhr war die Operation vorbei. Bhagavan sollte für etwa zehn Tage im Krankenhaus bleiben und kein *Darshan* geben. Doch Bhagavan bestand darauf, dass das *Darshan* auf jeden Fall stattfinden sollte. Nach zehn Tagen weigerte er sich, länger im Krankenhaus zu bleiben, da es für die Armen, die zur Behandlung kamen, Unannehmlichkeiten verursachte. Er zog in das kleine Zimmer, in dem er bereits vorher geschlafen hatte, da es ein angrenzendes Badezimmer hat.

Zwei Tage später gab Bhagavan *Darshan* auf der Veranda des kleinen Zimmers. Wir konnten täglich morgens von 9 bis 10:15 Uhr und abends von 5 bis 6 Uhr seinen *Darshan* haben. Sein Geburtstag, der auf den 5. Januar fiel, wurde gebührend gefeiert, doch der *Darshan* blieb auf diese Zeiten beschränkt.

Die Göttin Kali

Da der Platz in dem kleinen Raum sehr beengt war, durften Devotees nicht mehr bei Bhagavan sitzen wie zuvor. Deshalb wanderte ich ziellos zwischen dem Ashram und meinem Haus umher.

Eines Tages bemerkte ich einen Tumult im Tempel der Göttin *Kali*, der auf der Straße zwischen meinem Haus und dem Ashram liegt. Ich dachte, dass irgendeine besondere *Puja* im Gange sei. Da hörte ich das Blöken einer Ziege. Sie wurde gerade geopfert. Solche Schreie hatte ich schon öfter gehört, seit ich in meinem Haus wohnte, aber ich hatte ihnen keine Beachtung geschenkt.

Auf meinem Heimweg vom Ashram sah ich, dass das Götterbildnis von *Kali* von Blut tropfte und grässlich aussah. Um diese Zeit war keiner mehr im Tempel. Mich schauderte und ich dachte: »Oh Gott, wozu dieses Abschlachten von unschuldigen Tieren! Und das auch noch inmitten eines Wohngebiets und während Bhagavan krank ist!« Diese Opfer mussten sofort beendet werden, koste es was es wolle.

Ich setzte mich mit einigen Devotees in Verbindung und sagte ihnen, dass man Schritte dagegen unternehmen müsse. Sie aber meinten: »Lieber nicht. Die Verehrer von *Kali* haben tantrische Kräfte. Wenn wir uns gegen sie stellen, können sie diese Kräfte gegen uns richten und uns Böses antun. Es ist am besten, sich von ihnen fernzuhalten.« Keiner wagte, eine Gegeninitiative zu ergreifen.

Ich wartete einige Tage, bis man das herzzerreißende Blöken der Ziegen wieder hörte. Ich sah keine andere Möglichkeit, als damit zu Bhagavan zu gehen. Er sah mich fragend an. Ich sagte nervös:»Im *Kali*-Tempel werden Ziegen geopfert. Es ist grässlich und herzzerreißend. Es ist damit schlimmer geworden. Das Blöken ist vielleicht sogar hier zu hören. Ich kann den Anblick von Blut, das vom Bildnis der Göttin *Kali* tropft, nicht mehr ertragen.«

Bhagavan sah mich liebevoll an und sagte:»Ja, ich höre es auch, aber keiner unternimmt etwas dagegen. Was soll man tun?«

Ich erzählte ihm, dass ich mit einigen Devotees darüber gesprochen hatte, aber dass sie sich vor den Verehrern von *Kali* fürchteten, da sie sich in tantrischen Praktiken und schwarzer Magie auskannten. Ich erzählte ihm auch, dass es ein Gesetz gäbe, das Tieropfer in Wohngebieten verbietet, und dass ich alleine dagegen vorgehen würde, wenn Bhagavan zustimmte.

Bhagavan hörte mir geduldig zu und sagte dann:»Wir wollen sehen, ob die Verehrer unseren Protest beachten. Man braucht sich nicht davor zu fürchten, mit ihnen darüber zu sprechen.«

Bhagavans Worte gaben mir die Kraft eines Elefanten.

Am nächsten Morgen sprach ich mit meinem Vermieter Raju Chettiar über die Tieropfer. Wir schickten nach den dortigen Tempelpriestern und sprachen mit ihnen darüber. Wir sagten ihnen, dass inzwischen viele Menschen hier wohnten und dass es sogar Bhagavan Kummer bereite. Zuerst brachten sie ihre Einwände und Ausreden vor. Da erzählte ich ihnen, dass bald Regierungsbeamte den Ashram besuchen würden und ich die Sache bei ihnen vorbringen würde, da Opfer in Wohngebieten verboten seien. Aus Angst hörten sie mit den Tieropfern auf.

Bhagavan freute sich, als ich ihm alles erzählte, und sagte: »Das ist gut. Es geht schon lange so, und keiner hat sich darum gekümmert. Es wurde täglich schlimmer. Jetzt ist es endlich damit vorbei.«

Hirse und Feigen

Im Januar 1950 wurde Bhagavan homöopathisch behandelt, da bislang nichts geholfen hatte.

Ich kaufte auf dem Markt Hirse von der neuen Ernte und bereitete sie zu wie in den vergangenen Jahren. Ich wollte Bhagavan etwas davon bringen, doch seit er krank war, musste man zuerst die Zustimmung der Ashramverwaltung einholen, wenn man ihm etwas zu essen oder eine Arznei bringen wollte. Ich fragte zuerst den Arzt. Er hatte nichts dagegen. Dann bereitete ich die Hirse zu, ging zum Büro und sagte, der Arzt habe nichts dagegen. Der *Sarvadhikari* und die anderen sagten nichts. Ich wusste nicht, was ich tun sollte, und gab sie Santhamma, die in der Küche arbeitete.

Bhagavan aß in jener Zeit nicht im Speisesaal. Die Verantwortlichen im Ashram ließen die Hirse nur den Devotees servieren.

Ramachandra Iyer sagte zu Bhagavan: »Nagamma hat wieder Hirse zubereitet. Wir haben alle davon bekommen. Es hat sehr gut geschmeckt.« Bhagavan meinte: »Tatsächlich? Ja, sie schmeckt sehr gut. Ich darf nichts ohne die Erlaubnis der Ärzte essen.«

Als ich Ramachandra Iyer fragte, ob Bhagvan etwas von der Hirse erhalten habe, verneinte er. Ich war verärgert und traurig. Da erzählte Ramachandra Iyer Bhagavan alles. »Ach, tatsächlich?«, erwiderte er und beließ es dabei.

Zehn Tage später brachten die Verantwortlichen im Ashram Bhagavan Hirse und sagten:»Der Arzt hat es genehmigt. Bitte iss sie.« Bhagavan sagte voller Unwillen:»Ich soll sie nicht essen, wenn Nagamma sie bringt, aber ich soll die eure essen. Sie hat die Erlaubnis des Arztes eingeholt, aber ihr habt ihr nicht geglaubt. Und ich soll jetzt euch glauben? Genug damit! Gebt sie denen, die sie zuvor gegessen haben. Ich will sie nicht.«

Einige Tage später sandte meine Schwägerin Feigen, die für mich und Bhagavan gedacht waren. Bhagavan mochte Feigen sehr. Ich wusch sie, trocknete sie und gab sie in ein Glas. Diesmal versuchte ich erst gar nicht, mir die Erlaubnis zu holen, obwohl es mir darum Leid tat. Da die Früchte konserviert waren, eilte es damit nicht.

Bhagavan gab von 8 bis 10 Uhr und von 4 bis 6 Uhr *Darshan*. Er saß auf der Veranda des kleinen Zimmers. An diesem Tag waren 500 Devotees gekommen, Männer, Frauen, Kinder und alte Leute. Auf der südlichen Seite vor der Veranda saßen die Frauen und auch ich.

Um 4.30 Uhr kam Srinivasa Mouni mit der abgehenden Post. Bhagavan las einen der Briefe, wandte sich mir zu und sah mich fest an. Ich konnte mir den Grund nicht denken. Als Srinivasa Mouni mit der Post gegangen war, sagte Bhagavan zu mir:»Der homöopathische Arzt hat mir die Erlaubnis gegeben, Feigen, Weinbeeren und anderes getrocknetes Obst zu essen. Die Leute haben an deinen Bruder D.S. Sastri in Madras geschrieben, getrocknetes Obst zu schicken. Das steht in dem Brief, den ich gerade gelesen habe.«

Ich war überrascht, nahm meinen Mut zusammen und antwortete:»Wie seltsam! Meine Schwägerin hat kürzlich getrocknete Feigen für dich gesandt. Ich habe sie gewaschen, getrocknet und in einem Glas aufbewahrt.« Bhagavan fragte: »Du hast sie zuhause?« Ich bejahte.

Ich ging nach Hause und holte die Feigen. Bhagavan machte sofort den Deckel auf, nahm einige Früchte heraus, bat um ein Taschenmesser, schnitt die Feigen in kleine Stücke und aß sie. Alle waren verwundert. Bhagavan gab Rangaswami die übrigen Früchte zurück und bat ihn, sie sorgfältig aufzubewahren. »Wir können jetzt sagen, dass wir bereits welche haben. Ich kann immer davon essen, wenn ich mag.«

Bhagavan sah mich mit strahlenden Augen an, als wollte er sagen: »Ist dein Wunsch jetzt erfüllt?« Er aß normalerweise nichts, was er nicht mit allen teilte. Dieses Mal tat er es.

Schlechte Vorzeichen

Am 9. Februar stellte man fest, dass das Geschwür erneut nachgewachsen war. Wir alle baten Bhagavan inständig, sich doch selbst zu heilen, aber er meinte nur: »Was kann ich machen? Was hab ich damit zu schaffen?«

Am 15. kam Dr. Raghavachari und sagte nach der Untersuchung, dass man nichts mehr tun könne. Von da an gingen alle möglichen Gerüchte über Bhagavans Zustand um. Die Ärzte gaben sich die Klinke in die Hand. Angesehene Astrologen sagten, dass nach Bhagavans Horoskop die Sterne ungünstig standen. Man tuschelte untereinander, dass er nur noch wenige Tage oder Wochen zu leben habe.

Am 20. Februar war das Geschwür schlimm geworden. Devotees meinten, dass man es mit einer weiteren Behandlung versuchen sollte, und baten Bhagavan um Erlaubnis, den berühmten ayurvedischen Arzt Dr. Moos holen zu dürfen. Er überließ es den Verantwortlichen im Ashram. Noch am selben Tag holte Kunju Swami Dr. Moos. Wie alle anderen Ärzte sagte auch er, dass er nicht mehr viel tun könne. Bhagavan möge doch mit seinen Devotees Mitleid haben und sich selbst heilen. Er behandelte Bhagavan mit verschiedenen ayurvedischen Kräutern, aber es half nichts. Dann setzte er Blutegel an, aber auch das blieb wirkungslos.

Als ich am 1. März um 2 Uhr nachmittags in meinem Haus saß und schrieb, zitterten plötzlich das Papier und der Stift und die Fotos an den Wänden wackelten. Es war ein Erdbeben. Das war ein schlechtes Vorzeichen. Ich ging zum Ashram. Dort waren alle ebenso besorgt. Es war nicht das einzige schlechte Vorzeichen. Diebe trieben ihr Unwesen, und nachts hörte man heulende Füchse und jaulende Hunde.

Am nächsten Tag versuchte ich, an Bhagavan heranzukommen und fragte ihn ängstlich, wie es seinem Geschwür ginge. Bhagavan informierte mich genau über die Behandlung von Moos und sagte, dass die Blutung sich etwas abgeschwächt habe. »Bedeutet das, dass es eine Besserung gibt?« »Was für eine Besserung?«, fragte Bhagavan. »Wie lange wird das noch so weitergehen. Es muss schnell heilen.« »Wer weiß?«, antwortete er.

Ich spürte, dass es keine Hoffnung auf Heilung mehr gab, da Bhagavan noch nie zuvor so pessimistisch gewesen war.

Religiöse Praktiken

Am 2. März war auch Dr. Moos entmutigt. Devotees begannen mit Mrityunjaya-*Japa* und *Homam*[18]. Bhagavan meinte: »Sie machen *Homam* mit dem Mrityunjaya. Mögen sie es tun. Aber sind jene, die dieses *Homam* vollziehen, dem Tod entronnen? Die wirkliche Bedeutung dieses *Homam* ist, dass jene, die es ausführen, die Furcht vor dem Tod verlieren, indem sie die Gnade des Herrn Shiva suchen, aber nicht dass sie dem Tod entfliehen können.«

Einer der Helfer sagte: »Im *Devikalottara* heißt es, dass jemand, der sich nach der Befreiung sehnt, sich nicht mit Mantren, *Homas* und ähnlichem befassen soll.«

Bhagavan erwiderte: »Ja, das ist wahr. Es heißt, dass die Vertiefung in Meditation ausreicht.«

Eine Frau wollte Bhagavan um etwas bitten, traute sich aber nicht, alleine in sein Zimmer zu gehen, und bat mich, sie zu begleiten. Sie sagte zu Bhagavan: »Es gibt jemanden in unserem Dorf, der in der Mantra-Praxis bewandert ist. Wenn Bhagavan es erlaubt, werde ich ihn holen.« »Ach, tatsächlich? Was macht er?«, fragte Bhagavan. »Er wird dir 108 Kokosnüsse opfern und sie dann im ganzen Ashram zerbrechen.« Bhagavan erwiderte lächelnd: »Er zerbricht nur Kokosnüsse? Tötet er nicht auch noch Hennen und verspritzt ihr Blut im ganzen Ashram? Wird er mir nicht auch noch ein Amulett umhängen und heilige Asche auf mich schmieren?«

Da schämte sie sich und gab ihr Vorhaben auf.

---

[18] Mrityunjaya: ein Shiva-Mantra aus der Rig-Veda: „OM, wir verehren dich, oh Shiva! Du ernährst uns, machst uns wieder gesund und lässt uns erfolgreich sein. Befreie uns von Anhaftung und Tod und versage uns nicht die Unsterblichkeit."

Am nächsten Tag erbrach sich Bhagavan und aß an diesem Tag nichts mehr. Seine Schwester Alamelu sagte bekümmert zu ihm: »Bhagavan hat heute nichts gegessen. Dabei ist das *Payasam* so köstlich.« Bhagavan tröstete sie und schickte sie weg. Er sagte zu seinen Helfern: »Den Leuten tut es Leid, dass Bhagavan heute nichts vom *Payasam* gegessen hat. Mir tut es Leid, dass sie noch nichts von der spirituellen Nahrung gekostet haben. Was kann ich tun? Die Dinge geschehen, wie sie vorherbestimmt sind.«

Das Neue Jahr

Ugadi, das telugische Neujahrsfest, fiel auf den 19. März. Seit ich im Ashram wohnte, hatte ich Bhagavan zum neuen Jahr ein Handtuch und ein Lendentuch geschenkt. Ich bereitete auch ein Chutney zu. Am Abend vor dem neuen Jahr brachte ich die Geschenke zu Bhagavan in das kleine Zimmer. Er sah mich neugierig an. Ich legte die Kleider auf den Tisch und sagte: »Morgen ist Ugadi.« Bhagavan bemerkte: »Oh, Ugadi kommt. Vikrithi[19] kommt.« Er sagte es voller Vorbedeutung.

Am Morgen des neuen Jahres ging ich mit dem Chutney und einem neuen Kalender zum Ashram. Ich servierte das Chutney Bhagavan und den Devotees zum Frühstück und wartete auf der Veranda der Neuen Halle, um Bhagavan persönlich den Kalender zu geben. Bhagavan hatte das neue Lendentuch an und das Handtuch dabei, aber als er ins Badezimmer wollte, stolperte er über die Türschwelle und fiel. Ich rief, dass Bhagavan gefallen sei, und eilte zu ihm. Der Helfer, der hinter ihm stand, versuchte ihm auf-

---

[19] Name des neuen Jahres, wörtl.: eine kleine Änderung

zuhelfen, aber er ließ es nicht zu. Ich hatte zu große Angst davor, was Bhagavan sagen würde, wenn ich ihn berührte, und stand deshalb nur neben ihm. Sein Lendentuch und das Handtuch waren voller Blut.

Ein enger Devotee hatte mein Rufen gehört und kam herbeigeeilt. Aber Bhagavan ließ nicht zu, dass er ihn berührte, und stand selber auf. Er hatte sich etwas an der Wirbelsäule gebrochen, aber er befahl seinen Helfern, niemandem etwas davon zu sagen. Die Prellung eiterte und tat sehr weh, aber Bhagavan ließ nicht zu, dass es bekannt wurde. Trotzdem saß er um 9 Uhr auf der Veranda zum *Darshan,* und ich übergab ihm den Kalender.

Seit dem Unfall am Neujahrstag baute Bhagavan zusehends ab. Er konnte nicht mehr zum *Darshan* herauskommen und saß fortan auf seinem Sofa in dem kleinen Zimmer. Es kamen so viele Devotees, dass sie sich anstellen mussten, um am Meister vorbeizuziehen. Außer für die Verantwortlichen, die Ärzte und hohe Beamte gab es keine Möglichkeit mehr, mit ihm zu sprechen. Wir konnten nur noch aus einiger Entfernung seinen *Darshan* haben.

Seit diesem Tag konnte ich nicht mehr Bhagavans Stimme hören. Als er mich erstaunt gefragt hatte, ob Ugadi gekommen sei, bedeutete das, dass diese wundervolle Zeit zu Ende war. Es war, als habe er mir freundlich zu verstehen gegeben: »Mit diesem neuen Jahr finden meine Gespräche mit dir ein Ende.«

Nirvana

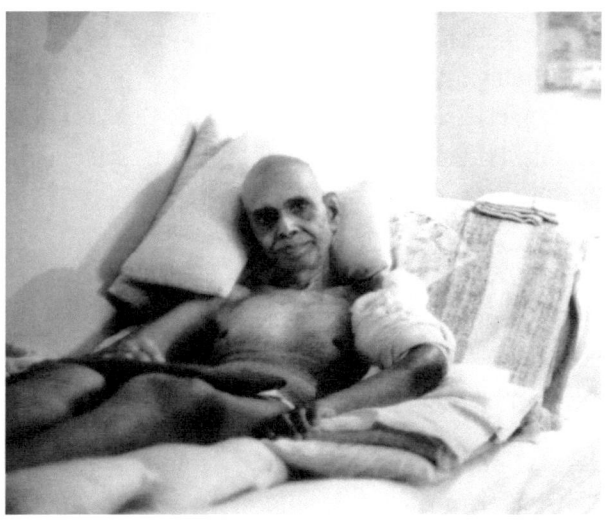

Am 23. März ging es Bhagavan sehr schlecht, und die Behandlung von Moos wurde beendet. Ende März kam ein berühmter ayurvedischer Arzt, verschrieb ihm eine sehr teure Medizin und ging wieder. Ein langjähriger Devotee, der ebenfalls ein ayurvedischer Arzt war, kam zu Bhagavans *Darshan*. Er wurde damit betraut, die Arznei zu verabreichen. Nach ein oder zwei Tagen hatte Bhagavan Verstopfung und fühlte sich unwohl. Da wurde auch diese Behandlung beendet.

Ab Anfang April zählten die Ärzte die Tage bis zum Ende. Am 13. April waren alle aufgewühlt und angstvoll. Herr Bose beaufsichtigte die Menschenschlange. Als er mich sah, sagte er zu mir: »Komm, Mutter! Du kannst den Meister von hier aus sehen.« Ich stieg auf einen Erdhügel, der errichtet worden war, damit Devotees besser sehen konnten. Bhagavan lag in einer schlafenden Yoga-Position, und sein Körper erstrahlte in der Morgensonne. Da keiner lang verweilen durfte, ging ich wieder.

Die Devotees hatten von 9 bis 13.30 Uhr *Darshan*. Viele von ihnen gingen nicht nach Hause, so auch ich.

Am Nachmittag war Bhagavans Zustand besorgniserregend, und die Verantwortlichen wollten den *Darshan* streichen, doch als Bhagavan davon erfuhr, sagte er, das sei nicht nötig. Es wurde wieder eine Reihe gebildet. Normalerweise sah Bhagavan während des *Darshan* die Devotees mitleidsvoll an, aber diesmal konnte er seine Augen kaum offen halten.

Als alle Devotees an ihm vorbeigezogen waren, ging auch ich zu diesem letzten *Darshan* und stellte mich wieder auf den Erdhügel. Die Ärzte und Verantwortlichen des Ashrams standen um ihn herum und untersuchten ihn. Ich betete: »O Herr, bitte schenke mir noch einmal deinen mitleidsvollen Blick.« Da öffneten sich langsam seine Augen. Die Leute um ihn folgten der Richtung, die sein Blick nahm. Ein kühler Blick traf mich, der zu sagen schien: »Sieh mich an! Wie lange soll ich noch in diesem Körper bleiben? Wirst du nun deine Vorliebe für diesen Körper aufgeben?«

Da überkam mich eine andere Gesinnung. Ich sagte innerlich: »Die ganze Zeit habe ich dich gebeten, nicht wegzugehen und uns zu verlassen, aber jetzt kann ich nicht mehr darum beten. Wir können nicht mehr mit ansehen, in welchem Zustand dein Körper ist. Du brauchst diese Last um wegen uns nicht mehr zu tragen.«

Ich übermittelte diese Gedanken durch meine Augen. Da schlossen sich Bhagavans Augen wieder.

Um 19 Uhr fragte Bhagavan seine Helfer, ob das *Darshan* vorüber sei. Dann bat er sie, ihn aufrecht hinzusetzen. Die Ärzte wollten ihm Sauerstoff geben, aber er winkte ab. Die Polizei teilte der versammelten Menge mit, dass keine unmittelbare Lebensgefahr bestünde und sie heimgehen und nach dem Abendessen wiederkommen könnten. Doch einige Devotees, blieben, darunter auch ich. Wir hielten unsere Augen weiterhin auf das kleine Zimmer gerichtet.

Um 20 Uhr begannen die Brahmanen, die auf der westlichen Veranda saßen, mit dem *Veda-Parayana*. Andere Devotees, die auf der südlichen Seite saßen, begannen damit, das ›Akshara Mana Malai‹ (die Hochzeitsgirlande) mit dem Refrain ›Arunachala Shiva‹ zu singen. Als Bhagavan dieses Lied hörte, öffnete er plötzlich die Augen, und Tränen der Seligkeit strömten aus ihnen hervor. Dann schloss er seine Augen wieder, und wenige Minuten später hörte er zu atmen auf. Es war genau 20.47 Uhr.

Ein heller Stern zog über den Himmel und tauchte hinter dem heiligen Berg Arunachala unter. Die meisten von uns waren so sehr auf Bhagavan konzentriert, dass wir den seltsamen Stern nicht sahen, aber jene von außerhalb bemerkten ihn. Sie wussten, was er bedeutete und kamen zum Ashram geeilt. Er war so hell, dass er noch in Madras sichtbar war.

Als die Devotees bemerkten, dass der geliebte Meister gestorben war, wurden Schreie von unkontrollierbarer Trauer laut. Einige Frauen fielen in Ohnmacht, während andere schwiegen. Alle umringten das *Nirvana*-Zimmer. [20] Vor Bhagavans Körper wurden Lichter geschwenkt und Kamp-

---

[20] Das kleine Zimmer wurde künftig als *Nirvana*-Zimmer bekannt, weil Bhagavan hier *Nirvana* erlangt hat.

fer verbrannt wie vor einem Tempelbild. Dann wurden Kokosnüsse zerbrochen und geopfert. Da die Menge außer Kontrolle geraten war, brachte man den heiligen Leib in die Jubiläumshalle und setzte ihn auf einer erhöhten Plattform in Richtung des südlichen Eingangs auf einen Stuhl. Das Klagen vermischte sich seltsam mit dem *Veda-Parayana*. Die Devotees wachten die ganze Nacht.

Als die tragische Nachricht über das Radio und durch Telegramme verbreitet worden war, strömten Devotees in Massen herbei, um den Körper noch einmal zu sehen. Noch bevor der nächste Morgen anbrach, hatte man entschieden, dass Bhagavans *Samadhi* zwischen dem Büro und dem Tempel der Mutter an der Rückseite der Alten Halle errichtet werden sollte. Sobald es möglich war, wurde den heiligen Vorschriften gemäß eine große Grube ausgehoben.

Zur Frühstückszeit um 6.30 Uhr wurde vor Bhagavan Kampfer entzündet, und Lichter wurden geschwenkt. Man opferte Milch, die danach an alle Anwesenden verteilt wurde. Das war der Anfang des morgendlichen Milchopfers an Bhagavans *Samadhi*.

Die Errichtung eines Lingam

Ab 7 Uhr nahm die Menschenmenge zu. Es kamen Regierungsangestellte und die Polizei, um die Ordnung zu gewährleisten. Das laute Klagen hörte nicht auf.

Um 9 Uhr wurde der Leib auf die südliche Veranda gebracht und auf einen hohen Stuhl in Richtung Süden gesetzt. Der Sohn des *Sarvadhikari*, T.N. Venkataraman[21] übernahm zusammen mit seiner Frau und den Brahma-

---

[21] Er wurde wenige Jahre später Präsident des Sri Ramanashram.

nen-Priestern die Begräbnisrituale. Man vollzog *Abhishekam* mit heiligem Gangeswasser, Sandelöl und anderen Düften, Milch, Joghurt, Kumkum und mit heiliger Asche und schmückte den Leib mit Blumengirlanden. Brennender Kampfer wurde geschwenkt, Kokosnüsse zerbrochen und andere Opfer dargebracht. Die Riten waren zur Mittagszeit beendet. Devotees von fern und nah hatten bis zum späten Nachmittag die Möglichkeit, den Meister ein letztes Mal zu sehen.

Um 5 Uhr begannen die Brahmanen mit der Rezitation der *Veden*. Nach einer kurzen *Puja* wurde Bhagavans Körper auf eine besondere Konstruktion gehoben, und vier Brahmanen trugen ihn auf ihren Schultern, während die *Veden* rezitiert wurden. Er wurde mit lauter Musik und Liedern um den Tempel der Mutter herumgetragen und dann zur Begräbnisstätte gebracht. Man setzte den Körper in einen Stoffsack, das Gesicht in Richtung Norden, zum Arunachala hin gewandt, und ließ ihn langsam in die Grube hinunter. Man gab heilige Asche und Kampfer in den Sack, bevor man ihn verschloss. Die Grube wurde mit Ziegelmehl, heiligen Blättern und dem Sand von heiligen Flüssen aufgefüllt. Dann wurde die Grabstätte versiegelt. Darüber stellte man ein *Lingam* auf. Man ehrte es mit *Abhishekam*, zerbrach Kokosnüsse und schwenkte Kampferflammen. Die Leute umrundeten dreimal das *Samadhi* unter lautem Rufen von Bhagavans Namen und Verbeugungen. Als die Zeremonien vorbei waren, gingen alle ihrer Wege.

Mein Leben nach Bhagavans Tod

Um 9 Uhr abends ging ich wieder zum *Samadhi*. Der Ort war verlassen, abgesehen vom Wächter. Ich setzte mich still hin. Die Tränen, die ich bis dahin zurückgehalten hatte, begannen reichlich zu fließen. Nach einer Weile ging ich heim. Es war das erste Mal, dass ich so spät abends noch im Ashram war. Kunju Swami war um meine Sicherheit besorgt und folgte mir in einigem Abstand.

Mein Bruder sagte zu mir, es sei nicht gut, wenn ich länger alleine in Tiruvannamalai bliebe, und bat mich, mit ihm nach Madras zu kommen. Also fuhren wir zusammen. Ein Freund meines Bruders war mit im Wagen. Wir sprachen die ganze Strecke über Bhagavan. Mein Bruder sagte zu seinem Freund: »Meine Schwester Nagamma ist jetzt wie eine Waise, die Vater und Mutter verloren hat.« Das war versteht, dass es nichts anderes gibt als Ich blieb drei Tage

Ich blieb drei Tage in Madras. Sie kamen mir wie drei Jahrhunderte vor. Anschließend kehrte ich zum Ashram zurück.

Als ich aus Madras zurück war, versammelten sich alle Bewohner des Ashrams. Wir beschlossen, den Ashram erst nach dem Mandalabhishekam (einer Zeremonie, die 40 Tage nach dem Tod begangen wird) zu verlassen. Wir gingen morgens und abends um den Schrein herum, trösteten uns gegenseitig und erzählten einander unsere Erlebnisse mit Bhagavan.

Das Mandalabhishekam wurde prachtvoll gefeiert. Danach teilten sich die Devotees in kleine Gruppen auf und gingen auf Pilgerschaft. Einige gingen nach Benares, andere nach Gokarnam. Ich schrieb meinem Bruder und brach mit seiner Erlaubnis nach Rameswaram auf.

Pilgerreise nach Rameswaram

Ich fuhr zunächst nach Tirukoilur[22] und besuchte den Tempel in Arayaninallur, wo Bhagavan die Erscheinung des göttlichen Lichts hatte. Ich sah auch das Haus von Muthukrishna Bhagavatar, wo Ramana etwas zu essen bekommen hatte. Dann nahm ich den Nachtzug nach Madurai. Dort besuchte ich das Ramana Mandiram in der Chokkappa Naiker-Straße, wo Bhagavan als Junge sein Erleuchtungserlebnis gehabt hatte. Überall waren Menschenmassen. Nachdem ich den Meenakshi-Tempel besucht hatte, nahm ich den Zug nach Rameswaram.

In Rameswaram ging ich direkt zur Pilgerherberge. Man gab mir ein kleines Zimmer im hinteren Teil. Ich kochte und ruhte mich aus. Es waren keine anderen Pilger da. Obwohl es am Tag sicher war, war ich doch besorgt, wie ich die Nacht alleine dort verbringen konnte. Da hörte ich, dass im Zimmer nebenan Leute waren. Ich ging zu ihnen hinüber. Es war ein älteres Paar. Ich war sehr erleichtert und schloss mich ihnen an.

Als wir unser Bad genommen hatten, brachen wir zum Tempel auf. Drei Tage später besuchten wir Dhanushkodi, wo wir wiederum Unterkunft in der Herberge fanden. Der alte Herr fragte mich, ob ich sie nach Ramanathapuram begleiten wollte, doch ich fühlte mich nicht recht wohl und war schon einmal dort gewesen. Deshalb lehnte ich die Einladung ab. Das Paar sagte freundlich zu mir: »Mutter,

---

[22] Dort kam Ramana vorbei, als er mit 17 Jahren sein Zuhause verließ und zum Arunachala ging.

du bist zehn Jahre im Ramanashram gewesen und hast Ramanas Segen erhalten. Warum plagst du dich mit diesen Pilgerreisen ab? Es wäre besser, du würdest an seiner Stätte bleiben mit der Zuversicht, dass er alles Nötige für dich tun wird. Mit diesem Vertrauen kannst du dein restliches Leben dort verbringen. Pilgerreisen sind nur für jene gedacht, die die Gnade eines großen Gurus nicht erlangt haben. Aber für jene, die das Glück hatten, einen wahren Meister zu haben, sind sie unnötig. Genug mit dem Herumwandern! Kehre zurück und lebe dort in Frieden.«

Ich war über ihrem gesunden Ratschlag sehr froh.

Die Veröffentlichung des zweiten Teils der Briefe

Dem Rat des alten Ehepaars folgend beschloss ich, im Ramanashram zu bleiben. Ich ging täglich um 8 Uhr zum Ashram, wohnte dem *Parayana* und *Abhishekam* bei und kehrte um 10 Uhr wieder nach Hause zurück. Um 2.30 Uhr nachmittags kamen Kunju Swami und Ramanatha Iyer, und ich las ihnen aus den Briefen vor. Nach einiger Zeit kamen weitere Devotees, um zuzuhören. Ich überarbeitete die Briefe gründlich.

Während der Meister lebte, kamen die Devotees, die in der Stadt lebten, nur zum abendlichen *Veda-Parayana*. Sie bekamen deshalb die Gespräche in der Halle nicht mit und hatten den Eindruck, dass Bhagavan nie viel redete. Als ich ihnen aus den Briefen vorlas, riefen sie verwundert: »Bhagavan hat so viel gesprochen? Schade, dass wir ihn nie gehört haben.«

Die Abschrift vom zweiten Teil der Briefe war im Ashram, das Original hatte mein Bruder. Da die Ashramverwaltung ihn nicht veröffentlichen wollte, beschloss mein Bruder, ihn auf eigene Kosten drucken zu lassen. Als das Buch gedruckt worden war, übernahm der Ashram das Projekt, und es erschien 1953 zu Bhagavans Geburtstag.

Krankheit und Pilgerreise

Im April 1953 wurde ich krank und bettlägerig. Als mein Zustand ernst wurde, telefonierten Devotees meinem Bruder in Madras. Mein Neffe holte mich. Die Ärztin diagnostizierte ein Geschwür im Bauch, das bald krebsartig werden würde. Ich wurde sofort ins Krankenhaus überstellt und operiert. Ich musste für einen Monat im Krankenhaus bleiben. Da ich danach sehr schwach war, blieb ich für fast sechs Monate bei meinem Bruder.

Im September 1953 gingen mein Bruder und seine Frau nach Benares auf Pilgerreise. Ich schloss mich ihnen an, da ich noch keinen der heiligen Orte im Norden gesehen hatte. Ich badete im Ganges, legte ein seidenes Gewand an, nahm in einem kleinen Gefäß Gangeswasser mit und besuchte den Visweswara-Tempel. Auf dem Rückweg besuchten wir Gaya, Kalkutta und Puri. Ich kam einen Monat vor Sri Ramanas Geburtstag im Ramanashram an.

In Kolanukonda

Da ich vor mehreren Monaten den Ashram schwerkrank verlassen hatte, versammelten sich bei meiner Ankunft alle Devotees um mich. An Bhagavans Geburtstag wurde am *Lingam* von seinem Schrein das *Abhishekam* mit dem Gangeswasser, das ich mitgebracht hatte, vollzogen.

Da das Haus, das ich so lange bewohnt hatte, zerfallen war, war ich 1953 in ein anderes Haus umgezogen. Dort war ich krank geworden. Jetzt zog ich nochmals um, da mir das Haus zu klein war.

Seit der Operation fühlte ich mich schwach, und es wurde für mich schwierig, allein im Ramanashram zu bleiben. Meine Brüder meinten, ich sollte bei ihnen wohnen wie früher. Aber ich wollte nicht mehr inmitten ihrer Familien sein.

Da wir zu keiner Entscheidung kommen konnten, blieb ich bis März 1954 im Ramanashram. Aber es wurde zunehmend schwieriger für mich. Da kam mir der Gedanke, wieder – wie vor meiner Zeit im Ashram – in meinem Geburtsort Kolanukonda zu wohnen, der in der Nähe von Vijayawada liegt, wo mein ältester Bruder wohnt. Da schrieb mir mein ältester Bruder, dass seine dritte Tochter im März heiraten würde und ich nach Vijayawada kommen sollte. Ich interpretierte das als ein gutes Zeichen.

Als die Hochzeit vorüber war, sagte ich meinen Verwandten, dass ich wieder in Kolanukonda wohnen wollte. Kolanukonda ist nur vier Meilen von Vijayawada entfernt. Wir gingen zu unserem Haus, hängten Bhagavans Foto auf, und ein Priester weihte es ein.

Zu Bhagavans *Aradhana* war ich wieder im Ashram. Nach dem Fest verteilte ich einen Teil meiner Habseligkeiten unter den Armen und nahm nur die nötigen Dinge mit. Als ich das Haus räumte, wurde ich sehr traurig. Meine Freunde trösteten mich und sagten, dass Bhagavan immer bei mir sei, wo immer ich auch sein würde, und dass ich weiterhin zu den Bewohnern des Ashrams dazugehören würde.

In meinem neuen Heim in Kolanukonda richtete ich die Halle wie in einem Ashram ein und hängte Bhagavans Foto dort auf. Morgens und abends wurden Verse von Bhagavan vorgelesen, und an den Nachmittagen ab 2 Uhr wurde aus den *Puranas* vorgelesen.

Bevor ich 1940 zum Ashram gekommen war, verehrte ich Bhogeswara[23]. Der Einfluss dieser Gottheit hat mich zu meinem Meister geführt. Deshalb wollte ich mich um den Tempel kümmern. Es gab dort weiße Ameisen, die die Wand hinaufkrochen, und das Innere musste renoviert werden. Als die Reparaturen ausgeführt waren, wurde der Tempel neu eingeweiht. Danach ging ich an wichtigen Tagen mit dem Priester hin und gab darauf Acht, dass die *Puja*, *Abhishekam* und alles Weitere ordnungsgemäß ausgeführt wurde.

Die Kobra im Tempel

Als der Priester Raghava Rao an einem Festtag den Tempel für die *Puja* aufschloss, kam er erschrocken wieder heraus. Ich hatte schon davon gehört, dass manchmal Kobras in den Tempel kamen und sich um das *Lingam* wanden. Ich fragte ihn: »Was ist los? Ist es eine Kobra?« Er bejahte. Ich fragte ihn, wo sie sei. Er zeigte auf sie: »Da, an der Türschwelle.« Ich kam näher und sah eine große Kobra, die in voller Länge an der Türschwelle lag. Aber nur ihr Schwanz war von außen sichtbar. Sie war völlig bewegungslos.

Ich klatschte in die Hände und rief: »Bitte geh. Wir müssen unser *Abhishekam* ausführen.« Sie rührte sich

---

[23] die Gottheit des Tempels von Kolanukonda

nicht. Ich sang: »Hare Ramana, Hare Ramana« und sagte freundlich: »Bitte geh, meine Liebe.« Immer noch keine Reaktion. Der Priester rief aus einiger Entfernung: »Hush, hush!«, aber auch das half nichts. Was sollten wir tun? Selbst wenn wir unverrichteter Dinge gehen würden, konnten wir doch die Tür nicht mehr abschließen, und Diebe könnten den Tempel berauben. Zudem wollte ich an diesem besonderen Festtag nicht gehen, ohne dass wir das *Abhishekam* ausgeführt hätten. Wir versuchten eine Stunde lang die Schlange zu vertreiben, aber es nützte nichts.

Ich erinnerte mich, was Bhagavan einmal über eine solche Kobra gesagt hatte. »Sie muss eine große Seele sein. Sie ist in dieser Gestalt hergekommen.« Ich nahm meinen Mut zusammen und sagte zum Priester: »Raghava Rao, ich bleibe neben der Schlange an der Tür stehen. Du gehst hinein und führst das *Abhishekam* aus. An so einem besonderen Tag wie heute sollte man das *Abhishekam* nicht wegen einer Schlange ausfallen lassen.« Er sagte angstvoll: »Oh nein! Und wenn die Schlange hereinkommt?« Ich ließ mich nicht entmutigen. »Sie wird nicht hereinkommen. Aber wenn, dann werde ich sie fangen, und du kannst hinausrennen. Es macht nichts, wenn sie mich beißt. Ich würde für dich mein Leben riskieren.« Ich sagte das mit überzeugender Stimme.

Der arme Kerl! Er glaubte mir und war mit dem Plan einverstanden. Ich stellte mich neben die Schlange und schickte den Priester mit allem, was wir für die *Puja* mitgebracht hatten, hinein. Zwar war er nervös, aber er führte das *Abhishekam* aus, zündete Kampfer an, schwenkte die Lichter und brachte die Opfergaben dar. Ich stand unbeweglich neben der Kobra und beobachtete alles von dort aus.

Als das letzte Mantra gesprochen und die Feier beendet war, begann sich die Schlange zu bewegen, aber sie kroch nicht hinaus, sondern wandte sich meinem Fuß zu und glitt in Richtung des *Lingam*. Der Priester zitterte vor Furcht. Auch ich fürchtete um ihn. Wie konnte ich ihm helfen? Ich dachte an Bhagavan und sagte mutig zur Schlange: »Warum gehst du in diese Richtung, meine Liebe? Um Gottes Willen, nimm die andere Richtung und geh hinaus.« Unverzüglich wandte sie ihren Kopf in die andere Richtung und verließ den Tempel.

Wir eilten hinaus, um zu sehen, wohin sie ging, doch sie war bereits verschwunden. Ich sagte zum Priester: »Siehst du, Raghava Rao, diese Schlange ist eine große Seele. Sie ist in Gestalt dieser Schlange gekommen, um dem *Abhishekam* für den Herrn Bhogeswara beizuwohnen. Sie hat sich nicht vertreiben lassen. Aber nach dem letzten Mantra ist sie gegangen.«

Raghava Rao war sehr beeindruckt. Er verschloss die Tür des Tempels, und wir gingen wieder den Berg hinunter. Er hat den seltsamen Vorfall mit seinen eigenen Kommentaren angereichert weitererzählt. Nach seiner Version kann Tante Nagamma sogar mit einer Kobra reden.

Da die Leute nicht oft auf den Berg kommen, treiben sich dort die Schlangen frei herum. Hinter unserem Haus sind Felder, und es kommen oft Schlangen auf unser Grundstück. Ich habe sie in Ruhe gelassen, und sie haben mich nicht belästigt. Wir haben in Freundschaft zusammengelebt.

Die Briefe

Was immer ich tue, ich vergesse nie den Ashram. Wo immer ich bin, ich bleibe im Geist eine Bewohnerin von Ramanashram. Was ich für andere tue, tue ich immer im Namen Ramanas. Jeden Nachmittag erzählte ich den Leuten, die sich bei mir einfanden, von Ramanas Werken und von seiner Lehre. Ich wohnte von 1954 bis 1959 in Kolanukonda. Ich besuchte regelmäßig zu *Jayanthi* und *Aradhana* den Ashram und blieb dann jeweils für einen oder zwei Monate. Wenn ich dort war, las ich den Devotees aus meinem Buch ›Briefe aus dem Ramanashram‹ vor.

Devotees baten die Verantwortlichen des Ashrams, auch die Teile III-V der Briefe zu veröffentlichen, aber es tat sich nichts. 1958 veröffentlichte mein Bruder den dritten Teil. Die Teile IV und V wurden als Serie in einer Zeitschrift veröffentlicht. Schließlich veröffentlichte der Ashram alle drei Teile. Die Briefe wurden von meinem Bruder D.S. Sastri ins Englische übersetzt und vom Ashram veröffentlicht.[24]

Umzug nach Vijayawada

Ich lebte noch nicht lange in Kolanukonda, als ich einen hohen Blutdruck bekam. Es gab dort keinen Arzt und keine medizinische Versorgung. Wenn mein Zustand bedenklich war, gab ich meinem Bruder in Vijayawada Bescheid oder jemand brachte mich dort zum Arzt. Wenn es mir wieder etwas besser ging, kehrte ich zurück, da ich es nicht lange

---

[24] Inzwischen liegen alle Briefe als ›Letters from Sri Ramanasramam‹, in dt. Übersetzung ›Briefe aus dem Ramanashram‹ in einem Band vor.

in der Familie aushielt. Meine Brüder sahen schließlich ein, dass ich unter keinen Umständen bei ihnen wohnen würde. Da kam es meinem ältesten Bruder in den Sinn, dass er für mich in Vijayawada ein kleines Haus bauen sollte. Ich wäre dann medizinisch versorgt, und seine Familie wäre im Notfall in der Nähe. Es war Bhagavans Gnade.

Im März 1959 war das Haus fertig. Mit Sri Bhagavans Foto bezog ich mein neues Heim. Devotees hatten es ›Ramana Sadhanam‹ genannt und den Namen auf einem Schild angebracht. Jeden Morgen wird das *Parayana* abgehalten und die 108 Namen Ramanas werden rezitiert, und am Abend rezitieren wir das Upadesa Saram und Verse Ramana zu Ehren. Zudem werden abends vedantische Bücher vorgelesen. Wir führen vor dem Foto von Sri Bhagavan religiöse Gespräche, und es gibt *Parayana* und Gebete wie im Ashram. Jeden Freitag kommen einige Männer zur Meditation und zum Gebet. Einige Ramana-Devotees, die die ›Briefe aus dem Ramanashram‹ gelesen haben, kommen von weiter her, um über Bhagavan zu reden. Ramana Sadhanam wurde eine Art Treffpunkt für Devotees aus Andhra Pradesh.

Da Devotees an den Veröffentlichungen des Ashrams interessiert sind, verkauft ein Devotee, der mir gegenüber wohnt, die Ashram-Publikationen. Auf diese Weise wird Ramanas Lehre verbreitet.

Ich lebe alleine in Ramana Sadhanam. Ich lebe alleine mit Bhagavan. Obwohl ich keine Übernachtungsmöglichkeit anbieten kann, bleiben manche Devotees ein oder zwei Tage hier, doch das ist selten. Seit ich 1941 zum Ashram gekommen bin, lebe ich alleine. Bhagavan ist jetzt in dem Foto, und das ist meine ganze Gesellschaft, die ich in all diesen Jahren hatte. Die Leute fragen mich, wie ich das aushalten könne, und ich antworte ihnen, dass Bhagavan mich beschützt. Der Meister gibt mir die Furchtlosigkeit und den Mut, das Leben eines *Sadhakas* zu führen, wie es in der Gita beschrieben wird:

»Der Yogi, der Körper und Geist unterworfen hat, der frei von Wünschen und arm an Besitztum ist und in Abgeschiedenheit für sich lebt, beschäftigt seinen Geist beständig mit Meditation.« (Bhagavad Gita VI,10)

Ich hoffe, dass ich einmal mit Bhagavan in tiefem Frieden vereint sein werde, wie der Herr Krishna es beschreibt:

»Wer alle Wünsche aufgibt und frei von Anhaftung, Egoismus und dem Verlangen nach Vergnügen ist, erlangt den Frieden.« (Bhagavad Gita, II,70)

Wenn ich zum Arunachala komme, schenken mir die Ashrambewohner dieselbe herzliche Aufmerksamkeit wie früher. Damals sagten die Leute, ich sei Bhagavans ältestes Kind und die älteste Tochter des Ashrams. Selbst heute sagen sie das noch. Für die Verwandten Bhagavans gehöre ich zur Familie. Der Präsident, T.N. Venkataraman, nennt mich seine ältere Schwester, und seine Kinder nennen mich ihre Tante. Wir alle sind Verwandte durch den Guru.

Der Ashram heute

Ein Jahr nach Bhagavans Tod starb seine Schwester Alamelu. Ein Jahr später folgte sein Bruder Niranjanandaswami (Chinnaswami). Noch vor seinem Tod war ein beratendes Komitee gebildet worden, das bei der Verwaltung des Ashrams helfen sollte. Sein Sohn T.N. Venkataraman wurde zum Präsidenten ernannt. Er verwaltet jetzt mit Unterstützung des Komitees den Ashram.[25]

1965-1966 wurde ein schönes *Mandapam* über Bhagavans *Samadhi* errichtet, das im Juni 1967 eingeweiht wurde. Weitere Gästehäuser wurden errichtet, und für die älteren Devotees wird gesorgt, damit sie im Ashram bleiben können. Auch die Frauen, die früher in der Küche gearbeitet haben, werden versorgt. Kunju Swami und andere kümmern sich um die Neuankömmlinge, erzählen ihnen Geschichten von früher und nehmen sie mit auf den Rundgang um den Berg. Die übrige Zeit verbringen sie mit Gebet und Meditation. Ein Arzt kümmert sich um das Ashram-Krankenhaus und behandelt die Patienten unendgeldlich. Es gibt eine große Bibliothek mit philosophischen Werken. Der Ashram veröffentlicht Bücher über Bhagavans Leben und Lehre. Sie werden im Bücherladen verkauft. Es kommen viele Pilger. Die ganze Atmosphäre ist von Bhagavans unsichtbarer Gegenwart durchdrungen.

Finde heraus, wer du bist

Bhagavan gab der Welt die Botschaft: »Finde heraus, wer du bist.« Es ist die Essenz der *Veden*. Wenn man die Frage »Wer bin ich?« in aller Ernsthaftigkeit verfolgt, entdeckt man schließlich, dass man *Brahman* ist. Nur wenn man versteht, dass es nichts anderes gibt als das allumfassende *Brahman*, kann man sich in der Welt mit einem Gefühl der Gleichheit allen gegenüber verhalten. Das ist die Bedeutung der Frage »Wer bin ich?«. Viele mögen einwenden, dass das leicht gesagt, aber nahezu unmöglich zu verwirkli-

---

[25] T.N. Venkataraman zog sich 1994 als Präsident zurück, und sein Sohn V.S. Ramanan wurde sein Nachfolger. Er starb 2008.

chen ist. Das ist bis zu einem gewissen Grad richtig. Aber die Schriften betonen, dass man mit etwas Geisteskontrolle auf dem Weg der Selbstergründung voranschreiten kann. In einem Lied sagt Bhagavan, dass dieser Weg sehr leicht sei. Wenn man dem Geist nicht erlaubt, sich von den Sinnen in die Irre führen zu lassen, sondern ihn dahin führt, seine wahre Natur zu ergründen, wird man mit Sicherheit das Herz erreichen und das Selbst erkennen. Deshalb ist es unsere Hauptaufgabe, den Geist zu beruhigen und innerlich nach dem Selbst zu suchen. Das ist die Essenz von *Karma*, *Bhakti*, *Yoga* und *Jnana*, wie Bhagavan in seinem Upadesa Saram sagt:

>»Die Tat, in seinem natürlichen Zustand zu verweilen, den Geist im Herzen fest gegründet, ist zweifelsohne Hingabe, *Yoga* und Wissen.«

Bhagavan hat seinen Devotees gesagt, dass sich das spirituelle Herz auf der rechten Seite der Brust befindet. Dieser Hinweis ist für Anfänger nützlich, aber wenn die Selbstergründung reift und man ins Selbst eintaucht, bleibt der unbegrenzte *Atman* in seiner ganzen Fülle übrig. Es ist wie es IST. Es ist unbeschreiblich und kann nur erfahren werden.

Wir sollten deshalb die Selbstergründung verfolgen und unsere eigene Wirklichkeit in Erfahrung bringen. Unter unzähligen Lebewesen ist der Mensch das einzige mit einem spirituellen Verständnis. Deshalb muss man Gebrauch davon machen, um sich aus dem endlosen Kreislauf von Geburt und Tod zu befreien. Weise wie Bhagavan Ramana kamen in die Welt, um den Menschen zu helfen, ihre eigene Wirklichkeit zu finden. Nehmen wir uns das zu Herzen und lassen wir nicht nach, bis das Ziel erreicht ist.

Nachwort

Suri Nagamma veröffentlichte 1973 ihre Autobiografie. 1976 erkrankte sie an einem Krebsgeschwür am linken Arm. Die Ärzte gaben sie schließlich als hoffnungslos auf. 1977 versuchte es ein Devotee mit verschiedenen homöopathischen Mitteln, die das Geschwür tatsächlich zum Abklingen brachten.

Sie starb im März 1980 im Alter von 77 Jahren, doch durch ihre Autobiografie und die ›Briefe aus dem Ramanashram‹, die ein einzigartiges Zeugnis bilden, bleibt sie den Anhängern Ramanas in steter Erinnerung.

Glossar

Abhishekam: das zeremonielle Baden der Götterstatuen und Idole

Advaita: Nicht-Zweiheit, d.h. das Absolute ist nicht zwei; die Grundlehre des *Vedanta*

Aham: ich

Aham Sphurana: Das Pulsieren des ›Ich-Ich‹ im Herzen, die Erfahrung des spirituellen Herzens

Annas: 16 Annas waren 1 Rupie. Die Münze ist heute nicht mehr im Umlauf.

Aradhana: Festtag zu Bhagavans Ankunft in Tiruvannamala am 1. September 1896

Ashram: Wohngemeinschaft um einen Guru; Lebensweise

Atma Vichara: Suche nach dem Selbst, Selbstergründung, Selbsterforschung

Atman: das Selbst eines Wesens, innerstes Prinzip der menschlichen Person; urspr.: Lebenshauch (Atem)

Avatar: Inkarnation des Göttlichen

Avadhuta: ein Asket, der der Welt entsagt hat; der höchste Zustand von Askese und *Tapas*

Bhagavan: der Erhabene, der Heilige; ist sowohl als Anrede einer Gottheit als auch als Anrede des Gurus gebräuchlich. In ihr drückt sich die besondere Verehrung des Schülers seinem Meister gegenüber aus. Sri Ramana hat diese Anrede ihm gegenüber weder selbst vorgeschlagen, noch ihr je widersprochen.

Bhagavatam: Das Srimad Bhagavatam gehört zu den *Puranas* und erzählt u .a. die Geschichte *Krishnas*.

Bhakti: liebende Hingabe an Gott

Bhiksha: das durch Betteln erlangte Almosen; Armenspeisung

Brahman: die Wurzel ›brh‹ bedeutet Stärke, Intensität, Urgrund des allgemeinen Seins, das Wesentliche in allen Dingen, das Absolute ohne greifbare Gestalt. *Brahman* und *Atman* sind letztlich eins, so

die Lehre der Upanishaden, des *Vedanta* und auch Ramana Maharshis. Das Absolute ist Sat-Chit-Ananda (Sein – Bewusstsein – Seligkeit).

Dakshinamurti: der Gott, der nach Süden schaut; *Shiva* als ju-
gendlicher Gott, der allein durch Schweigen lehrt

Darshan: Schau; der formelle Besuch des Schülers bei seinem
Guru; der Anblick, besonders der gnadenreiche Blick, den der Meis-
ter seinem Schüler schenkt; auch formeller Besuch einer Gottheit im
Tempel

Deepam: s. *Kartikai*

Devikalottara: ein Hindu-Text, den Ramana übersetzt hat

Dhal: Gericht aus verschiedenen Linsenarten

Dhyana: Meditation

Giri-Pradkashina: Giri=Berg, hier der Aruanchala; Umrundung
des Arunachala, s .a. *Pradakshina*

Gunas: die drei Eigenschaften; Sattva = rein, klar; Tamas = träge,
unwissend und Rajas = leidenschaftlich, ruhelos

Homam: Opfer für die Gottheit, das man ins heilige Feuer wirft, z.
B. flüssige Butter

Iddlies: runde gedünstete Kuchen aus Reis- und Kichererbsenmehl

Jayanthi: (Bhagavans) Geburtstag

Japa: Flüstern, gemurmeltes Gebet; v. a. das unablässige Wiederho-
len eines Gottesnamens oder Mantras, um den Geist zu beruhigen
und zu fixieren

Jivanmukta: einer, der zu Lebzeiten die Befreiung erlangt hat, im
Ggs. zum Videhamukta, dem Befreiten, der bereits den Körper verlassen hat

Jnana: Erkenntnis, Wissen

Jnani: einer, der das Ziel des *Jnana*-Yoga, nämlich die Verwirklichung durch Erkenntnis erlangt hat

Kali: wörtl.: ›Die Schwarze‹; Göttin mit dem Aspekt des Todes und
der Zerstörung, aber auch Mutter-Gottheit

Karma: Handeln, Folgen des Handelns, Gesetz ausgleichender
Gerechtigkeit. Die Folgen der guten und schlechten Taten müssen in

diesem oder einem anderen Leben getragen werden. Auch i. S. von selbstlosem Handeln.

Kartikai: tamilischer Monat im November/Dezember. Kartikai-*Deepam* ist das Lichtfest auf dem Arunachala, bei dem sich *Shiva* als Feuer-*Lingam* manifestiert.

Koupina: Lendentuch

Krishna: eine Inkarnation des Höchsten, die in der hinduistischen Tradition der Verehrung eine hohe Bedeutung spielt

Lingam: Symbol des Absoluten, Zeichen *Shivas*: ein oben abgerundeter zylindrischer Stein

Maharshi: maha = groß, rishi = Seher, Sänger, Heiliger; Großer Weiser, insbesondere jene Heiligen der Frühzeit, welche die vedische Offenbarung schauten. Dieser Titel wurde Sri Ramana von Ganapati Muni verliehen.

Mahatma / Mahapurusha: große Seele

Mandapam: Säulenhalle

Mantra: eine kurze Formel aus den heiligen Schriften, ein Wort oder nur eine Silbe. Das Mantra wird ständig wiederholt (s. a. *Japa*).

Math: klosterähnliche Einrichtung

Maya: die Verfassung der Welt, die weder wirklich noch unwirklich ist, kosmische Illusion

Mukti: Befreiung, Erlösung aus dem Kreislauf von Geburt, Tod und Wiederverkörperung

Myrombalam: Frucht mit einer heilsamen Wirkung für den Magen-Darm-Trakt

Nataraja: Natya = Tanz; König der Tänzer, *Shiva* in seinem kosmischer Tanz

Nirvana: Befreiung, letztendliche Freiheit

Padmasana: Lotussitz, Stellung im *Yoga*

Parayana: Singen der *Veden* (Veda-Parayana) und anderer religiöser Texte; ein regelmäßiger Brauch im Ramanashram

Patasala: Schule; hier Schule für junge Brahmanen im Ashram, die das Singen des *Parayana* erlernen

Payasam: süßer Brei aus Getreide, Milch, Zucker und manchmal mit Früchten

Peetam: Kloster

Periyapuranam: Sammlung von Heiligenlegenden aus dem 12. Jh. n. Chr.

Pradakshina: pra = vorwärts, dakshina = südlich, in südlicher Richtung; Umrunden eines Gegenstandes der Verehrung im Uhrzeigersinn; hier: Umrundung des heiligen Berges Arunachala

Prasadam: Gnade; rituelle Gabe, geweihte Speise, die einem Heiligen, Guru oder Gott dargebracht und dem Gläubigen zurückgereicht wird; jede Gabe eines Heiligen

Puja: ritueller Gottesdienst

Puranas: heilige Hindu-Texte mit Legendensammlungen

Ramayana: Kunstdichtung des Valmiki, die Rama gewidmet ist

Rishi: Seher, Erleuchteter, Deuter der vedischen Hymnen; s. a. Maharshi

Sadhana: die methodische geistliche Übung

Sadhaka: spirituell Suchender, Schüler

Samadhi: Versenkung im Selbst, höchster Zustand der Meditation; auch Bezeichnung für den leiblichen Tod und das Grab des Toten

Samsara: Kreislauf von Geburt und Tod; hier auch: die Familie

Sannyasa: Entsagung, Verzicht, vierte Lebensstufe eines Brahmanen

Sannyasin: Wandermönch, ein nach Erleuchtung Strebender, der dafür Besitz und Familie aufgibt.

Sarvadhikari: Leiter einer Einrichtung; hier der Ashram-Verwalter Chinnaswami, der jüngere Bruder Sri Ramanas

Sastras: heilige Hindu-Schriften

sattvisch: rein, streng vegetarische Ernährung

Siddhapurusha: ein Mensch, der das höchste spirituelle Ziel erreicht hat, ein Vollkommener

Shankara: der Erneuerer des Advaita-Vedanta im 8. Jh. n. Chr.

Sat-Guru: vollkommen erleuchteter Meister

Shiva: Shiva ist der doppelgesichtige Gott, der sowohl den Aspekt der Auflösung und Zerstörung verkörpert, als auch als Segensreicher alles entstehen lässt. Er symbolisiert das absolute Sein und ist der Zerstörer der Unwissenheit und des Egos.

Swami: Herr; Bezeichnung eines spirituellen Lehrers; gelegentlich auch nur Respektbezeichnung

Tapas: asketische Übungen

Upadesa: Lehre, Belehrung, Anweisung

Uppuma: dicker Weizenbrei mit gebratenem Gemüse und Gewürzen

Vasishtam: Yoga Vasishta, bedeutendes Werk der *Vedanta*-Literatur

Veda-Parayana: s. *Parayana*

Veda: Wissen, Offenbarung

Veden: die frühesten Schriften des Hinduismus

Vedanta: Ende und zugleich Erfüllung der *Veden*

Vichara: Suche, Erforschung; hier i. S. von *Atma Vichara*, Selbstergründung

Yoga: Einheit mit Brahman; Übungsmethode

Literaturverzeichnis

Ebert, Gabriele: Ramana Maharshi : Sein Leben. – 2. Aufl. – Norderstedt, 2011

Ebert, Gabriele: Ramana Maharshi und seine Schüler: Band 1. – 2. Aufl. – Norderstedt, 2014

Mudaliar, Devaraja: Tagebuch der Gespräche mit Ramana Maharshi: 16.3.1945 - 4.1.1947. – Norderstedt, 2011

Ramana Maharshi: The Collected Works. – 9th rev. ed. – Ramanashram, 2004

Sadhu Arunachala (A.W. Chadwick): Erinnerungen eines Sadhus. – Berlin, 2004

Suri Nagamma: Briefe aus dem Ramanashram: Aus Leben und Lehre Ramana Maharshis. – Norderstedt, 2011

Suri Nagamma: Letters from Sri Ramanasramam, Volumes I & II, Sri Ramanasramam, 2006

Suri Nagamma: Letters from and Recollections of Sri Ramanasramam. – 2nd ed. - Sri Ramanasramam, 1992

T.K. Sundaresa Iyer: Mein Leben mit Ramana Maharshi. –, 2. Aufl. – Norderstedt, 2014